元国税調査官
大村大次郎

世界が喰いつくす日本経済

なぜ東芝はアメリカに
嵌《は》められたのか

ビジネス社

はじめに

受難の時代をむかえた日本企業と日本の未来

今、東芝が大変なことになっている。

約7000億円もの損失を計上し、その穴埋めのために収益の柱だった半導体事業などの売却を検討している。それどころか、上場廃止の声なども上がっている。

下手をすれば、倒産するんじゃないかとさえ言われている。

東芝というのは、ご存知のように日本を代表する家電メーカーである。日本人で東芝の名前を知らない人はいないだろうし、世界中の人々にとっても、なじみのある社名だといえる。

この東芝は電力事業、原子力事業でも国内で最大規模を誇っていた。

その巨大企業が、なぜこんな窮地に陥っているのか？

メディアや経済評論家はこぞって東芝の隠蔽《いんぺい》体質などを原因視し、東芝の経営のあり方が批判されている。

確かに、東芝は粉飾決算などを行っており、決して問題のない会社ではなかった。しかし東芝の行っていた粉飾決算は、会社を破滅させてしまうほどの大ごとではなかったはずだ。

今、東芝が窮地に陥っているのは、約７０００億円にも及ぶ赤字を計上してしまったからである。

この７０００億円の赤字の大半は、実はたった一つの取引から生じているのだ。

その一つの取引というのは、アメリカのＳ＆Ｗ（ストーン・アンド・ウェブスター）社の買収である。

東芝は、２０１５年の暮れに原発の建設会社だったＳ＆Ｗ社を買収した。東芝が直接買収するのではなく、東芝の子会社となっていたアメリカのウェスチングハウス（ＷＨ）社が買収するという形になっていた。

このＳ＆Ｗ社が1年後に、なんと約７０００億円の赤字を出すのだ。

たった1年で７０００億円もの赤字がなぜ生じたのか？

東芝は、なぜそれに気づかなかったのか？

そこには、日米の原子力政策をめぐる虚々実々の駆け引きが隠されているのである。

簡単に言えば、東芝はアメリカに嵌《は》められたということである。

東芝はS&W社がこれほどの大きな負債を抱えていることは知らずに、買収してしまった。アメリカは国全体の原子力事業での巨額の負債をS&W社に背負わせ、それを巧妙に隠して、東芝に押し付けたのである。

この取引の失敗において、東芝に責任がないとは言えないが、アメリカ側の「悪意」が大きな要因となっていることは間違いない。


東芝だけじゃなく、海外で煮え湯を呑《の》まされている日本企業は多々ある。

現在、民事再生中であるエアバッグのタカタ、アメリカからたびたび罰金を払わされるトヨタなど枚挙に暇《いとま》がない。

タカタの場合も、東芝と似たような経緯がある。

タカタの1兆7000億円もの負債のほとんどは、アメリカでのリコール処理費用なのである。このアメリカでのリコール問題については不審な点が多い。アメリカでは多発しているタカタのエアバッグ暴発による死亡事故だが、実は日本では死亡事故は1件も起きていない。しかもアメリカでのエアバッグの暴発事故のほとんどは、自動車の衝突事故時に起きているものである。つまり自動車の衝突で死亡したのか、エアバッグの暴発で死亡したのか明確にわかっていないケースがほとんどなのだ。

またタカタのエアバッグが科学的に欠陥があるという根拠も、明確には示されていないのである。

そのような状況の中でアメリカ当局によりリコールが強制され、タカタは莫大《ばくだい》な負債を抱える羽目になったのだ。


海外展開している日本企業の中には、現地国の無茶な要求により煮え湯を呑まされるだけじゃなく、現地での技術流出により、窮地に陥っている企業も多々ある。

家電業界などはその最たる例である。

２０１６年にシャープが台湾企業に買収されたのは記憶に新しいところである。シャープだけじゃなく、日本の家電企業は軒並み海外市場で苦戦を強いられ、業績を落としている。

その最大の原因は、中国系企業や韓国系企業の台頭である。

中国系企業や韓国系企業というのは、実は日本の企業が長く技術供与や投資を行なうことで急成長してきた。

１９７０年代から２０００年代にかけて中国や韓国にもっとも多く投資をしてきた国は、

日本である。日本は中国や韓国に工場を建設し、高い技術力を現地に供与してきた。中国や韓国の電機メーカーは、日本から供与された技術と自国の安い人件費を武器に、世界市場を席巻するようになった。日本企業はいわば、自分の強力なライバルを自分で育ててきたようなものなのである。

日本では長い間、「貿易収支」や「経常収支」が黒字になることが、最高の善とされてきた。「高度経済成長」や「バブル」は、輸出増進によってもたらされた。だから輸出を増やせば、日本は幸福になれる、と信じ込んでいる。そのため官民を挙げて、企業の輸出や海外展開を後押ししてきた。

しかし輸出を増やすことや、企業が海外展開をすることには、大きな危険がつきまとう。日本企業が海外で金儲けをすることは容易ではないのだ。

どこの国も他国の企業が自国に進出し、大儲けしている様子は面白いはずがない。あの手この手を使って邪魔をしてくるものである。

そもそも日本自体、外国企業が進出することが非常に難しい国なのである。たとえば、日本の公共事業を外国企業が受注できるケースは非常に少ない。

そういう日本がアメリカの原子力事業でやすやすと大儲けできるはずはない、ともいえるのだ。

また日本は、世界一の対外純債権国である。つまり世界の資産をもっとも多く持っている国は日本ということだ。日本は長い時間をかけて貿易黒字を積み上げ、外貨を蓄積してきた。もう貿易では、十分すぎるほど稼いでいるのだ。にもかかわらず、日本はいまだに官民を挙げて、輸出を増やそうとしている。

これは諸外国から見れば、決して面白いことではない。

それが「どうにかして、日本の輸出の邪魔をしよう」という動きになっているのだ。

本書では東芝やタカタ、トヨタ、シャープの失敗を中心に、企業が海外展開することにはいかに危険が付きまとうか、「企業のグローバル化」というのは一体何なのか、ということを明らかにしていきたい。

第1章 東芝はアメリカに嵌められた

第2章 国策としての原発輸出

第3章 日本メーカー最大の過ちは「技術流出」

第4章 トヨタ、タカタもアメリカに嵌められた

第5章 〝貿易黒字至上主義〟の誤算

第6章 今の日本に必要なのは〝経済成長〟ではなく〝経済循環〟

第1章

東芝はアメリカに嵌められた

東芝はエネルギー企業

はじめにで述べたように、現在、東芝が窮地に陥っている最大の原因は、アメリカの原子力発電所建設業者のS&W（ストーン・アンド・ウェブスター）社の多額の損失をかぶってしまったからである。

ニュース報道などでは大まかに「東芝はアメリカの原子力事業で失敗した」という言われ方をすることが多い。が、ニュースで「東芝が原子力事業で失敗した」と聞いても、ピンとこなかった人も多いと思われる。

東芝というと家電のイメージが強いが、実はエネルギー事業で世界最大級の企業なのである。

2016年の東芝エネルギーシステムソリューションズ社の事業戦略によると、水力発電（可変速揚水）では世界一（シェア44％）、原子力発電の原子炉も世界一（シェア27％）、地熱発電でも世界一（23％）なのだ。また送変電、燃料電池、太陽光などでは、国内ナンバー1のシェアを持っている。

2015年度の売上高を見ると、東芝の売り上げ全体の34％が、電力・社会インフラ部門なのである。東芝の売上の中では、もっとも大きい。

つまり、現在の東芝の主力商品は「発電所などのインフラ関係」なのである。

かの福島第一原発でも、東芝製の原子炉が使われており、東芝は原発事故の関係企業でもあったのだ。


「原子力エネルギー」というのは、1950年代以降、日本が官民を挙げて取り組み、成長させてきた産業分野である。

日本は戦後8年間、GHQにより、原子力の研究が禁止されてきた。サンフランシスコ条約の締結と東西冷戦の影響により、1953年に日本の原子力研究は解禁された。

それ以降、日本は政府が主導し、電力会社、電機メーカーなどを総動員して、原子力発電に取り組んできた。

そのため現在、日本は世界的に非常に高い原子力発電の技術を持っているとされている。

たとえば、日本の原発事業者の原発プラント建設における工事期間は、平均で4～5年である。これは世界一の技術ともいえるものだ。アメリカは10年近くかかっており、フランスも7～8年はかかる。世界最高水準とされるフランスと比べても、非常に短い。

この高い原子力技術を生かして近年、日本は原子力を重要な「輸出品」としても考えるようになった。

世界各国の原子力プラントの建設を受注し、日本の原子力技術を使って外貨を獲得しようということである。

安倍政権が成長戦略の柱として「原子力の輸出」を掲げていたのをご存知の方も多いはずだ。

東芝も日本の原子力発電の草創期から、主力メーカーとして携わってきた。そして2000年代になると、世界中の原子力発電所建設に積極的に乗り出すようになっていたのだ。

なぜ東芝はアメリカの原子力事業に参入したのか？

東芝の大損失の発端は、2006年にさかのぼる。

この年、東芝は、アメリカの原子炉メーカーのWH（ウェスチングハウス・エレクトリック）社を買収した。

なぜ買収したかというと、アメリカの原子力事業に参入したかったからである。

当時、アメリカは原子力発電に再び脚光が浴びせられ、「原子力ルネッサンス」という

1979年、ペンシルベニア州のスリーマイル島原子力発電所でレベル5（INES）の事故が起こった

状況にあった。

アメリカは１９７９年のスリーマイル島の事故以来、規制が強化されて約30年間、新規の原発建設を認めていなかった。が、環境問題の世論の高まりや電力コスト高などの影響を受けて、原発回帰の機運が生まれてきたのだ。

その流れを受け、アメリカでは２００５年に「包括エネルギー法」が成立した。

この「包括エネルギー法」では事実上、新規原発に対してゴーサインを出すとともに、原発建設等で政府の融資保証などの優遇策をも織り込んだ。そのためアメリカの電力関連、原発関連業者たちは、新規原発建設を計画しはじめた。

東芝は、この話に飛びついたのである。

この「包括エネルギー法」が成立した翌年、東芝はWH社の買収に踏み切ったのだ。

2005年から始まったアメリカの原子力ルネッサンスは、アメリカの国家事業でもあった。

この年に成立した「包括エネルギー法」では、新規原発の認可が下りやすくなっただけではなく、原発を建設する電力会社に対しても、さまざまな便宜が図られていた。

東芝が受注したスキャナ電力などの原発工事でも、電力会社は政府から巨額の債務保証を受け、建設資金を調達しているのだ。

アメリカがここまで本気で原発の新設に取り組んでいるのだから、「ここは儲けどころだ」と東芝は踏んだのだろう。

東芝は社運をかけて、アメリカの原子力事業に乗り出すことになった。

順調だったWH社

東芝が買収したWHという会社は、アメリカでは最大級の原子炉メーカーだった。

もともとは1886年に創業した米国の総合電機メーカー「ウェスチングハウス・エレ

クトリック」の原子力事業部門である。１９５０年代以降「加圧水型原子炉（ＰＷＲ）」の開発製造に携わり、アメリカで最初の商業原子力発電所をつくった。

それ以降、アメリカや世界の原子力発電所建設で大きなシェアを占めていた。

しかし本体である総合電機メーカー「ウェスチングハウス・エレクトリック」のほうは業績不振により、１９９９年に消滅した。

原子力部門はイギリスの「英国核燃料会社（ＢＮＦＬ）」社に売却された。これが、現在のＷＨ（ウェスチングハウス・エレクトリック）である。当時の売却価格は11億ドルといわれている。

ＷＨを買収したＢＮＦＬは、もともとは核燃料の開発や搬送、原子炉の運営などを行なう会社で、イギリス政府が所有している国営会社のような存在だった。このＢＮＦＬ社は財政が悪化したために、２００５年にはＷＨの売却を決めた。

この売却のときに東芝が買収したのだ。

この売却には東芝のほか、ゼネラル・エレクトリック、三菱重工などが入札していた。

当時、ＷＨは18億ドル程度の価値があるとされていたが、東芝は、なんとその3倍近い54億ドルで落札した。

この買収劇は関係者の間では、「馬鹿げている」と批判されたが、東芝にはそれなりに勝算があった。

WHは、PWR（加圧水型原子炉）のトップメーカーだった。

東芝は、BWR（沸騰水型原子炉）ではトップメーカーだったが、世界の主流はPWRだった。

またWHは、当時のアメリカの原発メンテナンスにおいて、最大のシェアを持っていた。既存のアメリカの原子炉の多くはWH社の製造によるものであり、そのメンテナンスだけで莫大な収益を上げていたのだ。

WH社はアメリカの原子力政策にも精通しており、原子力事業を規制監視していた「アメリカ原子力規制委員会（NRC）」ともツーカーの仲だとされていた。東芝はトップのシェアを誇る原発メーカーを今のうちに買収しておけば、今後のアメリカの原発事業を支配することができると踏んだのだ。

東芝の意図があたった買収直後、WH社は次々にアメリカの新規の原子力発電所建設を受注した。

2008年4月、WHはアメリカ・サザン電力の子会社であるジョージア電力（ジョージア州）と、2基の新規原子力プラントの建設に関する契約を締結した。

さらに２００８年5月には、ＷＨはアメリカ・スキャナ電力の子会社であるサウスカロライナ・エレクトリック＆ガス・カンパニー（ＳＣＥ＆Ｇ）と2基の新規原子力プラントの建設に関する契約を締結した。

また中国でも２００７年に4基の建設を受注した。


ここまでは東芝の目論見《もくろみ》通りだったといえる。

しかし、この事業計画は順調には進まなかった。

ご存知のように、２０１１年に東日本大震災が起きてしまったからだ。

サザン電力、スキャナ電力のいずれの原発も、２０１１年に着工の予定だった。

しかし、アメリカ原子力規制委員会（ＮＲＣ）の承認がなかなか下りなかった。アメリカでは２００１年の同時多発テロの影響で、飛行機が激突しても耐えられるような厳しい設計基準があった。それに加えて、福島第一原発の事故を踏まえ、巨大な自然災害にも耐えられるような安全性が求められるようになった。

そのためＮＲＣの承認が下りたのは、ようやく２０１２年のことなのである。

そして、着工されたのは２０１３年である。

東日本大震災での福島第一原発事故により、アメリカの原発建設プロジェクトは、安全強化のために大幅な計画変更を余儀なくされた。もちろん設計の変更や工期遅延により、莫大な追加費用が発生した。

この計画変更コストの負担をめぐって、電力会社、建設会社、原子炉の納入元である東芝などの間で訴訟騒動となった。

そしてこの訴訟騒ぎにより、着工はさらに遅れることになった。

アメリカ企業「ショー・グループ」の老獪《ろうかい》な動き

こうして、東芝の原発事業は暗転しだすのだが、この当時、東芝のアメリカ原発事業でのパートナーだった「ショー・グループ」が、奇怪な動きをする。

ショー・グループというのは、アメリカの大手エンジニアリング企業であり、原発建設事業者S&W社の親会社でもあった。

S&W社は、東芝が買収したWH社の原発建設事業などを独占的に行なう権利を持っていた。つまりショー・グループは事実上、アメリカの原発建設事業などを独占的に行なう権利を持っていたのだ。

東芝のアメリカ原子力事業年表

2006年1月

東芝はアメリカの原子力発電事業者ＷＨ社を54億ドルで買収。

2008年4月

東芝子会社のＷＨがアメリカ・サザン電力の子会社である
ジョージア電力（ジョージア州）と、
2基の新規原子力プラントの建設に関する契約を締結。

2008年5月

東芝子会社のＷＨがアメリカ・スキャナ電力の子会社である
サウスカロライナ・エレクトリック＆ガス・カンパニー（ＳＣＥ＆Ｇ）
と2基の新規原子力プラントの建設に関する契約を締結。

2011年3月

東日本大震災で福島第一原発事故が起きる。これ以降、
アメリカの原子力発電の安全基準が高くなり、コストが増大。

2013年1月

ショー・グループがＷＨへの出資から手を引く。
オプションを利用したため、東芝がショー・グループの持っていた
ＷＨ株を全額買わされる。

2015年12月

東芝子会社のＷＨは原発建設会社のＳ＆Ｗ（ストーン・アンド・
ウェブスター）を2億2900万ドル（約270億円）で買収。

2016年5月

スキャナ電力が固定価格オプションを発動。
これにより、スキャナ電力の原発建設において、
追加費用はすべて実質的に東芝が負担することになった。

東芝はWH社を買収するときに、ショー・グループにも出資を呼びかけた。ショー・グループはそれに応じ、20%を出資した（東芝の出資比率は77%）。

しかしショー・グループは、原発事業の将来性に不安を感じていたのだろう。WHに出資参加する際、東芝に厳しい条件を突きつけた。その条件というのは、ショー・グループが取得するWH社の株は、ショー・グループの要請があれば東芝は買い取らなくてはならない（しかも、ショー・グループが損をしない価格で）、ということである。

これでは、到底、「出資参加している」とは言いがたい。ショー・グループはWH社の経営が悪化すれば、いつでもまったく損をすることなく手を引くことができるのだ。しかも儲けが出れば、それはしっかりもらえる。

なぜこのようにショー・グループに都合のいい条件を東芝が呑《の》んだのか、非常に疑問の残るところである。

東芝としては、「アメリカでの原発事業」という大事業を開始するにあたり、水先案内人が欲しかったのだろう。が、この水先案内人は、とんでもない奴だった。

おそらくアメリカの原発メンテナンス事業などを長年やってきたショー・グループは、アメリカの原発事業の危険性をよく知っていたのだろう。だから、いつでも逃げだせる準備をしていたのだ。

そしてショー・グループは福島第一原発事故が起きて、東芝のアメリカの原発事業が中座しているときに、保有していたＷＨ社の株を東芝に買い取らせた。

しかもその後、ショー・グループは官庁や電力会社に働きかけ、子会社の「Ｓ＆Ｗ社」を東芝に買い取らせた。この「Ｓ＆Ｗ社」こそ、アメリカの原発事業の負債を全部背負っているような会社だったのだ。ショー・グループは、その負債部分を巧みに隠し、東芝に押し付けたのだ。

アメリカの電力会社が「原発建設会社の買収」を勧める

訴訟騒ぎの中で、電力会社側が東芝に、ある提案をしてきた。

スキャナ電力など、アメリカの電力会社側が東芝（ＷＨ）にＳ＆Ｗの買収を求めてきたのだ。

電力会社側の言い分としては、「建設側の企業が入り組んだ状態となっているので、建設工事が進めにくい」ということだった。メーカーと建設業者が一体となって工事を進めることで、今後のスケジュールをスムーズに進めてほしい、というのだ。

この言い分は一見まっとうに聞こえるが、よくよく検討すると非常に不自然である。

原子力発電所の建設に、いくつもの企業が参加するというのは普通のことだ。一グループだけで建設をすべて請け負うのはそれほど多くない。だから建設側に「一体化しろ」と要求するのはおかしな話である。

しかし電力会社側は、「東芝（ＷＨ）がＳ＆Ｗを買収し一体化すれば、契約金額や工事期間の見直しに応じる」とも言ってきた。

東芝はその甘言にまんまと引っかかってしまったようなのだ。

訴訟を嫌った東芝

東芝がこれほど焦ってＳ＆Ｗを買収したのは、同社が訴訟を嫌ったことも大きな要因だと見られる。

訴訟合戦になると、原発建設計画の見直しが必要となってくる。

東芝は、原発事業を収益の大きな柱と考えており、アメリカだけではなく、中国など世界中で原発事業を展開する予定だった。

この「世界的な原発事業」を成功させるためには、最初のアメリカでつまずくわけにはいかなかった。

また東芝が訴訟を嫌ったのには、もう一つ大きな理由があった。

それは、**「東芝が日本の企業である」**ということだ。

アメリカの企業同士の民事訴訟などでは、日本企業に不利な判決が出る可能性が高い。WHの親会社は日本の東芝であり、WHがアメリカの電力会社や建設会社と訴訟合戦になった場合には、不利になるのは免《まぬが》れない。

そのため訴訟を避けるために、S&Wの買収という力技に踏み切ったという面もあるのだ。

悪魔の「固定価格オプション」とは？

そして2015年12月、東芝（WH）は、S&W社を買収することに合意し、サザン電力、スキャナ電力のほかアメリカのプロジェクトに関し現在訴訟となっているものも含め、すべての未解決のクレームと係争について和解した。

それとともに、電力会社と今後の建設費などの見直しの契約もした。

その見直し契約には、「固定価格オプション」という取り決めがされていた。

固定価格オプションというのは、スキャナ電力が工事費に5億500万ドル（約564

億円）を上乗せし、２年程度、工事期間を延長する契約変更に応じるが、その後の超過コストはすべてＷＨが負担するというものだ。

ＷＨが負担するということは、つまりは実質的に親会社の東芝が負担するということである。

超過コストがあまり発生しなければ、東芝にうまみがある。

でも、超過コストが発生すれば、東芝は際限なく負担を強いられることになる。

では、超過コストはあったのだろうか、なかったのだろうか？

ご存知のように約７０００億円という莫大な超過コストがあったのだ。

しかも、それはＳ＆Ｗの買収時点ですでに発生していたのだ。

東芝は、Ｓ＆Ｗが抱えていた超過コストについて知らなかったものと思われる。

なぜなら７０００億円もの超過コストがあるのがわかっていれば、買収などしないだろうし、固定価格オプションなども結ばないはずだ。

なぜ東芝は、Ｓ＆Ｗが超過コストを抱えていることに気付かなかったのだろうか？

それは**アメリカ側の官民が結託した隠蔽《いんぺい》工作があった**からだと考えられる。

巧みに隠蔽された巨額の超過コスト

前述したようにS&Wは、もともとはアメリカの建設会社大手のショー・グループが所有していた。東芝は、このショー・グループからS&Wを買収したのだ。買収する際、S&Wの持ち主であるショー・グループは、S&Wには10億ドル以上の運転資金があることを約束していた。10億ドルの運転資金があるということは、10億ドルの黒字があるということだ。

東芝は、それを信じてS&Wを買収したわけである。そしてアメリカの監査法人なども、ちゃんとそれを証明しているのだ。なのに、なぜS&Wは超過コストを抱えていたのだろうか？

実はS&Wは、東芝（WH）から買収される時点で**「会計上の超過コスト」**が発生していなかったものと思われる。

S&Wの損金が発生するのは、電力会社が固定価格オプションを発動してからなのである。

何度もふれるが、スキャナ電力は東芝がS&Wを買収した時点で、固定価格オプションという契約を結んだ。

しかし、この固定価格オプションは、しばらく発動されなかった。発動するかどうかは電力会社に委ねられていたし、発動する際には、自治体の公共事業監視委員会などの許可が必要になる。

つまり固定価格オプションは、まだS&Wの買収時点では「有効」にはなっていなかったのだ。

S&Wは買収された時点で、潜在的に70億ドル程度の損失を抱えていたが、固定価格オプションが発動されていないので、この損失は帳簿上でまだ損失という扱いにはなっていなかったのだ。

S&Wの原発建設による追加費用は、当初はS&Wにとっては売上として計上されていたはずだ。

S&Wは建設業者である。建設工事が延びたり、追加工事が発生すればその分、売上が増えることになる。だから、工事の遅延代金や追加工事の代金は当然、売上に計上されていたはずだ。

この追加代金は、電力会社が払うかもしれないし、ＷＨが払うかもしれない。が、いずれにしろＳ＆Ｗにとっては、追加工事は「売上」であり、損失ではなかったのだ。が、東芝が買収してから半年後、スキャナ電力は固定価格オプションを発動した。これにより追加工事の費用のほとんどがＷＨにつけられることになる。ＷＨにつけられるということは、つまりは東芝につけられるということだ。

この時点で、Ｓ＆Ｗは東芝に７０００億円の損失をもたらしたのだ。だから売り主のショー・グループとしては、「売却する時点で70億ドルの損失はなかった」と強弁できないこともないのだ。

こうしてみると、アメリカの電力会社とショー・グループは、一体となって東芝を嵌《は》めたとしか見えないような構図である。

東芝は「異常な契約」を結ばされた

東芝が窮地に陥ったのは、前述したようにＳ＆Ｗという大赤字会社を騙《だま》されて買収させられたからである。そしてＳ＆Ｗが大赤字になったのは、固定価格オプションを結ばされてしまっていたからである。

この東芝をどん底に叩き落とした「固定価格オプション」は、実はまっとうな契約ではない。本来ならあり得ないような契約なのである。

通常、新しい原発の建設は費用超過がつきものなので、その負担は電力会社と受注企業が分担するのが通例となっている。

だから建設側である東芝にすべてを背負わされるのは、異常なことだといえるのだ。

たとえば、米原子力規制委員会（ＮＲＣ）元幹部のレイク・バレット氏は次のように述べている。

「新鋭原発の建設は費用超過がつきもので、電力会社と受注企業がリスクを分担するのが通例だ。固定価格条項を結んでは、その工事に会社の命運をかけてしまうことになる」

（２０１７年3月27日付 毎日新聞配信記事）

つまり固定価格オプションというのは、アメリカでもめったにないような異例の契約であり、受注側にとって非常に危険なものだったのだ。

固定価格オプションの危険性は、素人目に見ても明らかである。

ただでさえ原発建設というのは安全基準などが厳しい上に、今回の場合、工事期間中に福島第一原発の大事故が発生しているのである。追加費用が無制限にかかることは、目に見えている。追加費用を受注側が全部負担するなどという契約を結んでいれば、大変なことになるというのは、誰でも容易に推測がつくはずだ。

しかし東芝は先ほど述べたように、アメリカの官民の「巧妙な隠蔽」により、この危険性に気付かずに、ババを引かされてしまったのだ。

S&Wの買収については、**「もともと東芝には建設業について野心があった」**という見方もある。

原発の建設プロジェクトにおいて、一番うまみが大きいのは建設業だとされている。一般的に原発建設の利益の7割は、建設業が持っていく。

それまでの東芝は原子炉の納入だけであり、建設自体でのメリットはあまりなかった（その後のメンテナンスで莫大なメリットがあったが）。そのため東芝は、以前から原発建設会社の買収も検討していたのだ。

２０１２年には、S&Wの親会社だった米建設会社ショー・グループの買収計画が持ち上がっている。しかし、ショー・グループは２０１３年にCB&I（シカゴ・ブリッジ・アンド・アイアン）に買収されてしまった。

そこで東芝はショー・グループの中で原発建設を行なっているS&Wだけに絞り、買収を検討していたというのである。

確かに、東芝がS&Wを買収しようという目論見が以前からあったことは事実のようである。

アメリカの電力会社やS&Wの親会社は、そういう東芝の足元を見ていたのだ。そして、原発工事が遅れて騒動になっているときに、甘言をちらつかせてS&Wの不良債権を巧妙に隠蔽し、東芝に押し付けたのである。

行政ぐるみで東芝を欺く

またこの「固定価格オプション」の発動には、アメリカの行政機関も大きく関与している。固定価格オプションは、「サウスカロライナ州公共サービス委員会」が承認したことによって、発動された。

つまり、「サウスカロライナ州公共サービス委員会」が、スキャナ電力に「あなたの行為は正当である」というお墨付きを与えたのである。

通常、公益事業の建設計画などでは、行政機関が監督を行なう。

もちろん、原発の建設に関してもそうである。

原発建設は環境に影響も出るし、住民の電気料金にも反映するものなので、建設計画等はすべて行政機関の許可を受けなければならない。

「サウスカロライナ州公共サービス委員会」は、そういう行政機関である。サウスカロライナ州の公共サービスに関する管理監督をしているところなのだ。

この「サウスカロライナ州公共サービス委員会」は、原発の建設費についても厳しく目を光らせている。もし建設費がかさめば、電力料金に跳ね返ってくる恐れがある。だから、建設費があまり高くならないように指導しているのである。

かといって、建設費を低く抑えることばかりに専念しているわけではない。建設費を抑え過ぎて、建設計画が途中でとん挫すれば、もっと大きな負担を住民に強いることになる。だから、建設会社が成り立っていくだけの建設費の確保にも目を光らせているのだ。

つまりは、「適正な建設費」の設定をしている機関だといえる。

固定価格オプションも、この「サウスカロライナ州公共サービス委員会」が認めなければ、発動されなかったはずなのだ。

が、「サウスカロライナ州公共サービス委員会」は、あっさりと認めてしまった。

これは異常なことだといえる。

この原発建設計画では、すでに数十億ドルの損失が生じていた。

それに対して、電力会社はわずか5億5００万ドルの追加負担だけを払い、残りは全部、建設側に負わせたのである。

建設側（東芝）は40〜50億ドルの損失が出ているのだ。この原発計画自体、総額76億ドルの契約だった。つまり76億ドルの工事をするのに、１２０〜１３０億ドルの費用がかかっている。

こんなメチャクチャな契約があるのだろうか。

しかし、「サウスカロライナ州公共サービス委員会」は、この契約を認めたのである。何のための監視機関か？と首を傾けざるを得ない。

丸儲けしていたスキャナ電力

東芝の裁判資料によると、スキャナ電力と東芝（ＷＨ）が当初結んでいた原発建設契約の総額は約76億ドルだった。

固定価格オプションによって追加費用を支払っても、総額は約77億ドルにしかなっていない。数十億の追加コストが発生しているのに、スキャナ電力の負担はほとんど増えていないのだ。

しかも、さらに腹立たしいことがある。

スキャナ電力は、原発建設の超過コストをちゃっかり電気料金の中に組み入れているのだ。

つまり、スキャナ電力は住民から超過コスト代をせしめていながら、超過コストの負担は一切していないのだ。

スキャナ電力のあるサウスカロライナ州では、電力料金は総括原価方式という価格設定方法がとられている。

アメリカでは州によって電力料金の決め方が違っており、大まかに言って「総括原価方式」「電力自由化」の二つの地域がある。サウスカロライナ州は、「総括原価方式」をとっている。

総括原価方式というのは、電力をつくるためにかかったコストに、一定の利潤をプラスして決められるものだ。当然のことながら、発電所の建設費もこの原価に含まれることになる。

東芝（ＷＨ）に原発建設を発注しているスキャナ電力は２００９年以降、電気料金を９回も値上げし、18％増となっている。これは、原発建設の費用がかさんだために、電気料金に転嫁したという建前になっている。

が、前述したように、スキャナ電力は当初の原発の建設の契約額から、ほとんど上乗せはしていない。

おそらくスキャナ電力としては、原発建設工事が遅延し、コストがかさむことを見込んで、電気料金を先に値上げしたのだろう。が、お人好しの東芝が契約のトリックに簡単に騙されて、コストを全部背負ってくれた。だから、スキャナ電力が値上げした電気料金の増収分というのは、宙に浮いているのである。

つまりは、スキャナ電力は値上げ分だけ丸儲けしたことになる。


現在、サウスカロライナ州では、東芝のWH倒産申請（連邦破産法第11条適用申請）に対して、住民による抗議運動が起こっている。WHが倒産することにより、原発建設のコストがさらに増え、電気料金に跳ね返るのではないか、と危惧《きぐ》しているのだ。

2017年3月27日に配信された毎日新聞の記事には次のように記されている。


──11条適用申請の結果、東芝はリスクを抑制できたとしても、今度はそのツケが地元州民の電気料金に回ることになる。VCサマー原発で発電される電力の3割を購入す

東芝の原子力事業失敗の経緯

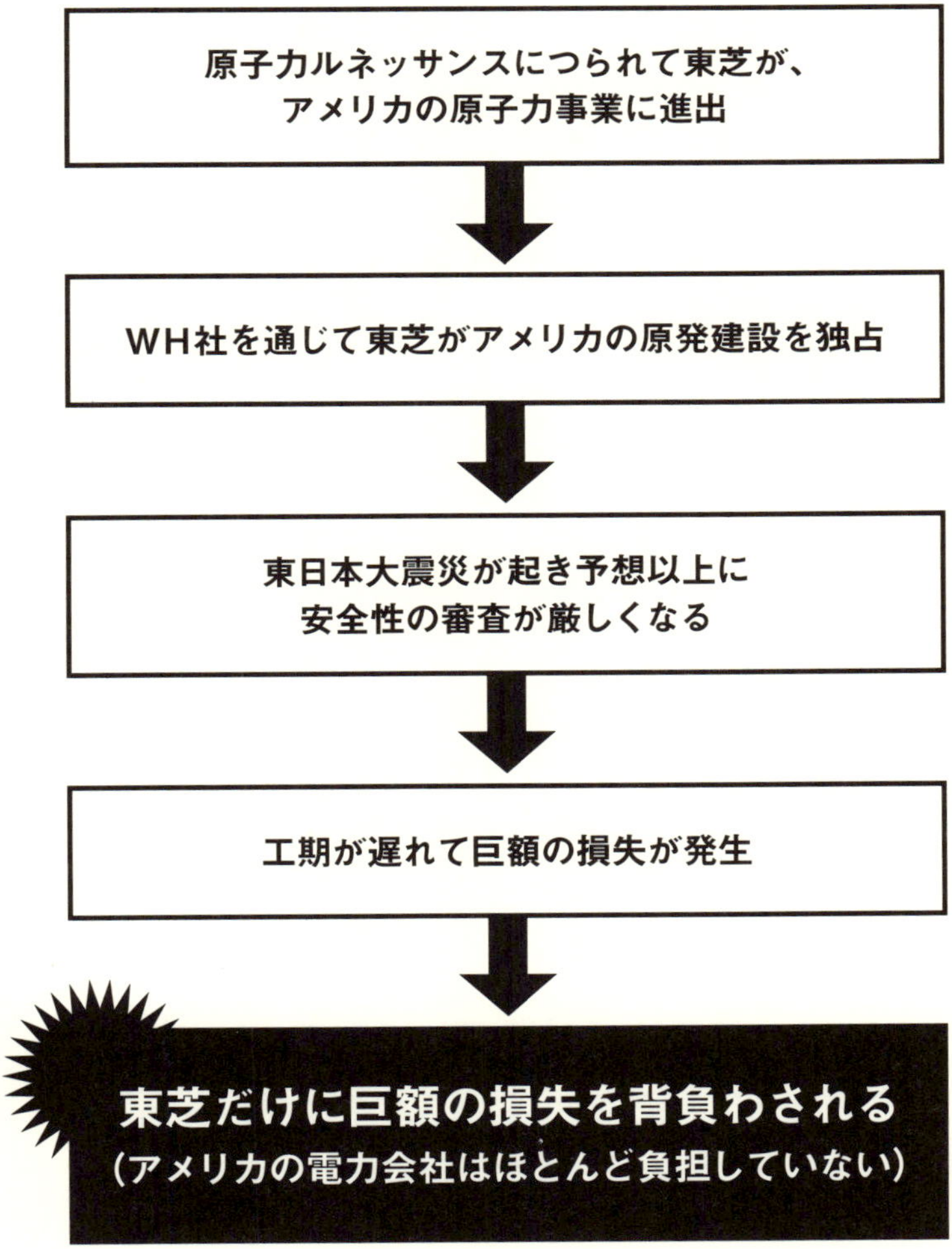
原子力ルネッサンスにつられて東芝が、
アメリカの原子力事業に進出
WH社を通じて東芝がアメリカの原発建設を独占
東日本大震災が起き予想以上に
安全性の審査が厳しくなる
工期が遅れて巨額の損失が発生
東芝だけに巨額の損失を背負わされる
（アメリカの電力会社はほとんど負担していない）

る予定のサウスカロライナ州電力協同組合のマイク・クルーイック理事長は「我々は150万人の利用者の利益を守りたい。貧困家庭も多いのだ。なぜ我々の利用者が日本で最も尊敬される企業を救済しないといけないのか」と憤る。

ウェスチングハウスが破綻したとしても「東芝も固定価格条項に賛同したのだから建設を完遂すべきだ。そういう約束だった」と、あくまで東芝の責任を追及する構えだ。同州政府担当局長のデュークス・スコット氏も「固定価格維持が州民にとっての利益だ。変更に応じる理由はない」とけん制する。

このように地元の住民や自治体は、東芝がWHの倒産申請をしたことに対して怒り心頭なのである。

しかしサウスカロライナ州の住民は、冷静に対応してほしいものである。

悪いのは、スキャナ電力なのである。

スキャナ電力は、原発建設コストの増加分を電気料金に上乗せして徴収していながら、そのお金を建設側にほとんど渡さずに着服してしまった。そのために、原発建設が立ち行かなくなってしまったのである。

そして、そのスキャナ電力の行為を承認したのは、「サウスカロライナ州公共サービス委員会」なのだ。

だから抗議するならば、スキャナ電力と「サウスカロライナ州公共サービス委員会」に対してするべきだろう。

工事遅延の最大の理由は「安全基準の厳格化」

東芝（WH）が受注した原発建設プロジェクトは、いずれも大幅な遅延となっている。ジョージア州の発表によると、ボーグル原発3、4号機では今年5月時点の工事進捗《しんちょく》率は2〜3割だという。

この工事遅延には、さまざまな理由が述べられている。

「アメリカは30年もの間、原発建設を行なっていないので、慣れていない」

「原発建設の技術者の不足」

「WH社と東芝の意思疎通がうまくいっていない」

等々である。

が、この工事遅延の最大の理由は、それらではない。

「安全基準の厳格化」

である。

前述したようにアメリカの原発の安全基準を監督しているのは、ＮＲＣ（アメリカ原子力規制委員会）という機関である。

このＮＲＣは福島原発の事故以降、安全基準に非常に厳しい対応を取るようになった。東芝（ＷＨ）の原発建設現場にもＮＲＣの職員が常駐し、頻繁に確認作業を行なう。そのたびに、工事は中断しなければならない。

またＮＲＣは、たびたび工事の設計変更を求めた。もちろん、それは大幅に工事の遅延をもたらす。

工事が遅延すれば、莫大なコストが発生する。

しかし、ＮＲＣはそんなことはお構いなしである。

以前のＮＲＣはそうではなかった。

ＮＲＣと原発事業者はツーカーの仲だとされ、たびたび世間に批判されてきたほどだ。特にＷＨとＮＲＣは蜜月の関係ともされていた。ＮＲＣは形ばかりの検査を行ない、ＷＨに対して精いっぱい便宜を図っていた。

それは「安全よりも原発企業の利潤を優先している」として、ＮＲＣ不要論まで巻き起こっていた。

が、東芝がＷＨを買収し、福島第一原発の事故が起きてからは、ＮＲＣの態度は一変した。ＮＲＣは企業側の利潤など一切考慮せず、ただひたすらに安全基準の徹底を求めるようになったのだ。

アメリカの原発事業者には手厚い保護

このような原発建設における厳しい基準、建設費用の増大にまったく頓着《とんちゃく》しないアメリカ行政の姿勢は、「相手が日本企業だから」ということが少なからずあるのだ。受注したのがアメリカの企業だったら、おそらくここまで無茶なことは起きなかっただろう。

というのもスリーマイル島の原発事故当時に、他の場所で進められていた原発工事では、建設業者や電力会社に対して手厚い保護がされているのだ。

ショアハム原子力発電所を例にとりたい。

ショアハム原子力発電所は１９７２年に建設が始められ、84年に完成した。

が、建設中の１９７９年にスリーマイル島で原発事故が起きたため、地元住民が激しい反対運動を行なった。

また完成した直後の1985年には、強烈なハリケーンがロングアイランド州を襲ったため、原発に対する不安はさらに高まった。

そのため1989年、ショアハム原子力発電所は廃炉にされることが決まった。

このとき、原子力発電所の建設費用は誰が負担したのか？

国とロングアイランドの自治体なのである。

ショアハム原子力発電所は、建設費と廃炉費用が合計で60億ドルかかった。

国とロングアイランドの自治体は、この費用を全部負担した。またこの費用を捻出《ねんしゅつ》するために、同州の電気料金を30年間の間、3％上乗せして徴収することになった。

つまり国、自治体、住民が一体となって、原発の建設費用と廃炉費用を負担したのである。

原発建設業者や電力会社に対して、普通に配慮しているのである。

安全強化による追加費用をすべて東芝に負わせようとしたサウスカロライナ州の原発建設とは、大きな違いが見られる。

もうアメリカは新規の原発をつくるつもりはない？

アメリカの情報会社ブルームバーグの配信記事によると、NRCの前委員長グレッグ・ヤツコ氏は東芝（WH）が建設している原発について

「巨額の資金が無駄になる恐れがある」

「これが東芝を崩壊させる可能性があり、米国での新たな原発建設に終止符を打つのは間違いないだろう」

と語ったという。

実は現在、アメリカは原発から離れようとしている。

福島第一原発事故の影響だけじゃなく、コストの面でも理由があるのだ。

アメリカでは、2010年に「シェール革命」が起きた。

このシェール革命により、アメリカ国内では天然ガスの価格が急落した。そのためガス火力発電のコストが非常に安くなっており、原発ではもう太刀打ちできなくなったのだ。

それどころか、石炭火力発電や陸上風力発電にも、コスト面で劣るようになっていた。

前述したようにアメリカの電力料金は、州によって「総括原価方式」と「自由方式」の

いずれかが採用されている。

現在、原発を建設しているのは、すべて「総括原価方式」をとっている地域である。自由方式の地域では、原発はコストが高すぎて採算が取れないのだ。

新規建設だけじゃなく、現在、稼働中の原発の多くが閉鎖を検討している。

つまりアメリカは、もう原発を見放しているのだ。

なぜ原発建設の中止を命令しないのか？

ＮＲＣの前委員長の発言に見られるように、アメリカはもう新しい原発をつくるつもりはないのかもしれない。

そうであれば、アメリカは安全基準強化を理由にたびたび工事を遅延させるのではなく、原発建設の中止を命じるべきだろう。

が、アメリカは決してそういう動きはしない。

なぜアメリカは、正式に原発建設を中止させないのか？

それは正規な手段を取らずに、**「建設側を追い込むことで原発建設を中止させる」**ほうがアメリカ政府やアメリカ国民にとってはるかに得だからである。

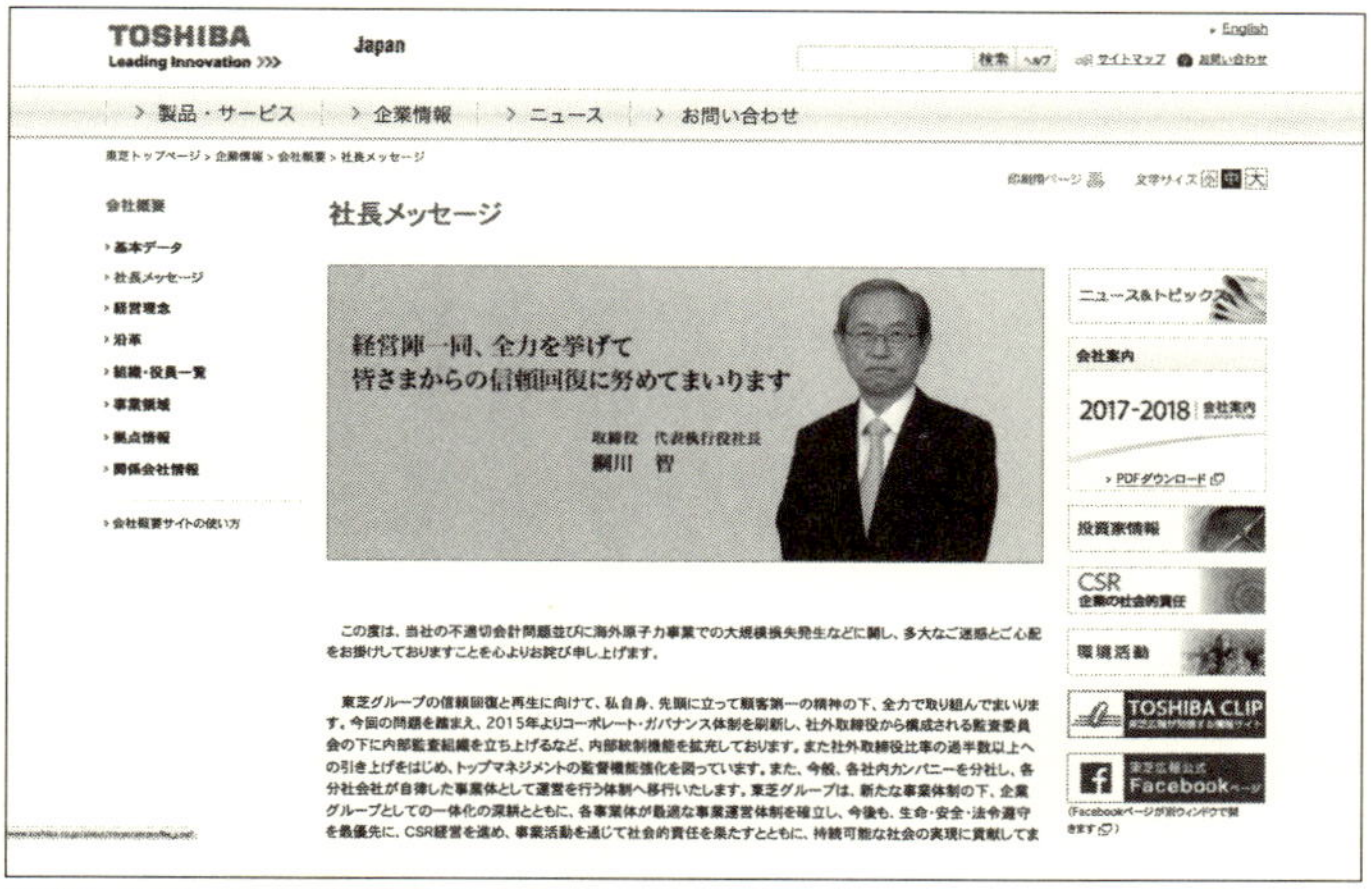

東芝は信頼回復を強調するが（同社ホームページより）

もし原発建設を中止させるとなると、それは「一度許可した原発建設を国の都合で中止させた」ということになり、政府が補償をしなければならなくなる。

しかし安全基準を上げることで工事を遅延させ、建設側を崩壊に追い込めば、もし原発建設が中止されたとしても、政府はまったく責任を負わなくていい。

アメリカ側には、そういう計算さえあるのではないか、と思われる。

しかも現在、アメリカで建設中の原発はすべて、東芝（ＷＨ）が受注していた。つまり損をするのは、日本の企業である。

アメリカの原子力発電建設の失敗費用を、日本の企業に全部押し付けてしまえ、ということである。

第2章

国策としての原発輸出

国策だった原発の輸出

東芝が、ここまで原発の輸出に傾いた要因の一つに「国策」がある。

安倍政権は、成長戦略の柱として「原発輸出」を掲げていた。安倍首相はたびたび原発の輸出に言及しているので、ご記憶の方も多いだろう。

また安倍首相は、自ら積極的に原発のセールスマンのようなこともしている。サウジアラビア、トルコ、インドなどを訪問した際には、具体的に日本の原発を売り込んでいる。また国際協力銀行（JBIC）、国際協力機構（JICA）などに、資金面で原発輸出を後押しさせた。

福島第一原発の事故以降、日本国内のみならず、世界中で原発反対の声が上がった。

安倍首相は、東日本大震災の後に政権に就いた首相（第二次安倍政権）であり、東日本大震災が日本経済に与えた損害の大きさは十分に知っているはずである。

なのに、なぜ安倍政権は、原発輸出を推進するようなことをしたのか？

理由はもろもろ考えられるが、最大のものは、**「日本経済の行き詰まりを打開したかった」**ということだろう。

安倍政権は、日銀に大幅な金融緩和をさせる「アベノミクス」を強力に推し進めた。その結果、株価が急上昇するなど、一時的に「アベノミクス」は評価された。このアベノミクスの一時的な成功により、安倍政権は高い人気を得た。

が、やがてアベノミクスの恩恵がなかなか国民生活に行きわたらないことが明らかになってきた。貧富の格差は、先進国で最悪のレベルにまでなってしまった。そのため安倍政権の評価は失速した。

その解決策として、安倍政権はさらなる経済成長、輸出の拡大をめざし、その主力商品として「原発」を選んだのである。

原発という商品は、一度納入すればその後、メンテナンスなどで長期間にわたって収益を得ることができる。

しかも前述したように原発の技術において日本は抜きん出ており、電化製品などに比べれば他国との競争力がある。

もちろん、安倍首相自身がそこまで原発に詳しかったわけではなく、経済官僚や財界人などからそういう話を聞かされたと思われる。

だから安倍政権は、原発輸出を成長戦略の目玉に置いたのである。

しかしこれが、まったくの裏目に出たといえる。

つまり、安倍政権は読み違えたのだ。

原発の輸出は国を潤さない

そもそも原発の輸出というのは、その構造上、それほど国を潤すものではないのだ。というのも、原発の輸出でもっとも大きいビジネスというのは、原子力発電所の建設である。そして原発の建設費用では、人件費が大きな割合を占める。

が、他国で建設作業をする際、労働者の多くは現地の国で採用する。日本から、わざわざ労働者を連れて行くことはほとんどない（もちろん技術者は連れて行くが）。だから原発建設にかかる人件費のほとんどは、現地の人々に支払われるのだ。

また東芝の子会社だったＷＨ社がアメリカや世界各地で受注している原発建設の場合、納入する原子炉はＷＨ製のものである。

東芝のつくる原子炉を納入するのであれば、製造費用など日本国内に落ちる分が出てくるが、アメリカのＷＨ社が製造したものを納入するのだから、日本国内では製造費用はほとんど使われない。

つまりアメリカで原発建設を受注するということは、アメリカの工場とアメリカの労働者を潤すだけなのだ。

東芝の取り分となるのは、WH社が上げる収益だけだったのだ。WH社が上げる収益というのは、売上から経費を差し引いた差額である。そして今回のアメリカの原発建設の場合、経費がかかり過ぎたので、収益がマイナスになってしまった。つまり東芝の取り分は、まったくなかったのだ。

原発に限らず、日本の企業が外国でインフラ建設を受注する場合、実は日本の国そのものを潤す部分は非常に少ないのだ。

日本の企業は、世界各地で社会インフラの建設などに携わっているが、建設費用の主要部分となる「人件費」は現地に落とされる。だから、国内経済はそれほど潤わないのだ。

ここが、日本国内のインフラ建設と大きく違うところである。

日本国内のインフラ建設であれば、企業が上げる収益だけじゃなく、労働者に落ちる人件費が国内経済を大きく潤すことになる。

もし国内のインフラ建設で、ある企業が100億円の工事を受注したとする。その企業は90億円の経費がかかり、10億円の収益を上げた。このとき日本国内の経済効果というのは、企業が受け取った10億円の収益だけではない。90億円の経費の部分も、日本の労働者や下請け企業に落ちているのだ。

つまり、国内のインフラ建設で100億円の工事を受注すれば、日本全体に100億円の経済効果があるということである。

が、外国でインフラ建設を行なった場合は、そうはいかない。

ある日本企業が外国のインフラ建設で100億円の工事を受注したとする。その企業は90億円の経費がかかり、10億円の収益を上げた。このとき日本国内に及ぼされる経済効果というのは、企業が受け取った10億円の収益だけである。90億円の経費の大部分は、現地の労働者などに落とされるからである。

国をあげて一生懸命に海外でのインフラ建設を受注しても、日本が潤う金額は受注額の10%くらいのものなのである。

安倍首相は、精力的に世界中に原発のセールスを行なっているが、実は原発を輸出しても、あまり国を潤さないのだ。

原発の輸出で1000億円の売上を上げるより、日本の国内の工場でつくったものを200億円分輸出するほうがよほど国を潤すことになるのだ。

が、安倍首相やその取り巻きは、そういう単純な計算さえしていなかったものと思われる。単に**「貿易収支の黒字」**の額だけに目が行き、貿易黒字を増やしさえすれば、国は潤

う と勘違いしていたのだ。

「発電事業は儲かる」は昔の話

前述した通り、東芝という企業は、日本の発電事業の第一人者的な企業なのである。現在の東芝にとって発電事業は収益の柱でもある。

なぜ東芝の収益の柱が、発電事業なのか？

それは、発電事業はかつて非常に儲かる商売だったからだ。

だからこそ東芝は、発電事業を柱に置いてきたのだ。

日本の発電設備は、東芝、日立、三菱重工業が中心になって担ってきた。

ご存知のように、日本の電力は戦後長い間、地域で独占形態が続いていた。電気料金は人件費、設備投資など、すべての費用に一定の利潤を上乗せして、決められていた。電力会社は絶対に損をしない体系になっていたのだ。

電力会社は、電気料金という名の税金により潤い続けた。

そして電力会社は毎年、莫大な設備投資を行なった。１９８０年代初頭には日本の設備投資の４割は、電力関係だったのである。

東芝は、その莫大な設備投資の恩恵を受けてきた。

発電事業の設備というのは、いったん契約を結べば非常に美味しい商売だった。

発電設備はその設置時の売上だけじゃなく、その後長い間、メンテナンスによって収益を上げることができる。

また電力会社と東芝はツーカーの関係であり、日立や三菱重工業とも「棲み分け」のような状態になっており、他のメーカーとの激しい競争などもない。

だから発電関係は、東芝の売上の柱となったのだ。東芝はその収益により家電などに投資をし、事業を拡大してきた。

そして中国メーカーなどの台頭で家電製品が振るわなくなってからは、海外の発電事業にも積極的に乗り出すようになった。

アメリカの原子力発電が再興するという話に飛びついたのも、そういう背景があるのだ。

しかし発電事業というのは、もはやそれほど儲かるビジネスではなくなっている。

日本でも福島第一原発の事故以来、世間の批判が高まり、電力の自由化が促進された。それとともに、電気料金の引き下げ競争も起きている。

地域の発電事業を1社だけが独占し、電気料金を言い値で決めていた時代は、もう終わりに近づいている。発電事業に参加するだけで、巨額の売上を上げられるようなことはなくなりつつあるのだ。

それは、世界的にも同様のことがいえる。

しかもアメリカの原子力発電事業というのは、これまでの発電事業と違って、いくつもの「罠《わな》」があったのだ。かつての日本の発電事業のように、楽には儲けさせてくれない。というより、他の事業よりもはるかに儲けるのが難しい分野だったのだ。

日本がアメリカの原子力分野を独占するのは無理だった

日本の企業が外国で原子力事業を行なうには、他にも危険な要素が多々あるのだ。

前述したように、東芝が大きな損失を蒙《こおむ》った発端は、アメリカの原発事業企業であるWHを買収したことである。WHを買収した後、東芝は坂道を転がり落ちるように崩壊の道を突き進んでいった。

実はWHを買収した時点ですでに、東芝のアメリカでの原子力事業はかなり危険な状態が生じていたのだ。

東芝はWHを買収することにより、アメリカの新規原子力発電所の建設をほぼ独占する状態になっていた（現在もアメリカで建設中の原発というのは、すべてWHが受注している）。

東芝としては、アメリカの原発ビジネスを独占することで、その収益をすべて持っていける、という目論見があったはずだ。

が、このこと自体に非常に無理があったのだ。

なぜなら、**「東芝がアメリカの原子力分野を独占する」**というような事態を、アメリカがそうそう許すはずはないのだ。

福島原発の事故がなくても、アメリカは東芝に対して何らかの妨害をし、アメリカの原子力分野での影響力を削いでいたはずだ。

原子力分野というのは、ただのエネルギー分野ではない。

軍事力に直結する分野である。

アメリカはその強大な軍事力により、世界の超大国の地位に座り続けているのだ。だから軍事力を脅かされることには、非常に敏感なのである。

ほとんどの日本人は軍事力でアメリカを脅かすつもりなど、まったく論外のことだと思っているはずだ。大半の日本人は、日本は平和国家であり他国を脅かす軍事力を持つことなど想像さえしていない。

が、他国はそうは思っていない。

というのも、日本のテクノロジーが世界最高水準にあることは、世界中の人々が知っている。

そして、そのテクノロジーは、いつでも軍事に応用ができるのだ。

他国は、日本がそういう方向に走る可能性をゼロだとは思っていない。むしろ、そういう可能性を危惧している国も多い。

特に、第二次世界大戦で日本と戦ったアメリカは、日本の軍事技術を非常に恐れているのだ。

アメリカは日本の軍事技術を今でも恐れている

日本は太平洋戦争では、科学力の差でアメリカに敗北したとよく言われるが、それは事実ではない。実は日米の科学力には、そこまでの差はなかった。というより、日本は世界に先駆けて、空母による大規模な空爆に成功するなど、英米を凌駕《りょうが》する分野も多々あったのだ。

日本は、**「科学力」**ではなく**「物量」**で敗れたのである。

日本の科学力がどれほど脅威だったかは、アメリカの占領政策を見ればわかる。

日本は戦後しばらくの間、軍事関連の産業が禁止されていた。武器製造だけじゃなく、自動車産業や造船などにも制限が加えられていたのだ。

特に航空産業は戦後10年もの間、禁止されていた。

日本の航空産業は戦前、世界最高の水準にあった。

たとえば、かのゼロ戦は第二次大戦が始まる時点では、世界最強の戦闘機とされていた。ゼロ戦が登場した当初は、欧米の軍事専門家はその存在を信じなかったほどだった。

ゼロ戦は昭和15（１９４０）年の中国戦線で初めて投入されたが、わずか13機で敵の27機を全部撃墜するという衝撃的なデビューだった。中国軍の戦闘機は、ほとんどが英米製であり、パイロットも英米の義勇兵だった。つまり日本の戦闘機は、英米の戦闘機に対して無敵の戦いをしたのである。

また真珠湾攻撃に使われた中島97式艦上攻撃機も、英米には脅威の的だった。真珠湾攻撃では中島97式艦上攻撃機は１４３機が参加し、戦艦アリゾナを撃沈させるなど「主役」として活躍した。

中島97式艦上攻撃機は、真珠湾攻撃だけではなく、機動部隊（空母艦隊）の数々の戦闘に参加し、大きな戦果をあげてきた。

艦上攻撃機というのは、空母から発進して、爆撃や雷撃を行う軍用機のことである。空

97式艦上攻撃機12型
乗員：3名、最大速度：時速377.8km、航続力：最大2100km、
武装：7.7mm銃1挺・魚雷1本または爆弾800kg

母に載せるためにコンパクト性が求められるので、開発が難しい分野だ。

中島97式艦上攻撃機は、魚雷、爆弾等の搭載能力も大きく、しかも航続距離が長い艦上攻撃機としてまたとない優秀さを誇っていた。

開戦時、アメリカの主力攻撃機だったダグラスTBDは、搭載能力は500kg、航続距離は1100kmだった。これに対し、中島97式艦上攻撃機は、搭載能力800kg、航続距離は2100kmだった。搭載能力、航続距離とも、中島97式艦上攻撃機のほうがはるかに勝っていたのだ。

艦上攻撃機にとって搭載能力と航続距離は両輪ともいえるものであり、中島97式艦上攻撃機はその二つで圧倒的に優秀だったのだ。日本はこの艦上攻撃機の分野では、第二次世界大戦を通じて、常にアメリカを一歩リードしていた。

このように軍用機の分野では、日本はアメリカにとっての大きな脅威だった。

また日本は、アメリカを本土爆撃した唯一の国である。軍用機を搭載できる潜水艦でアメリカの沿岸部まで近づき、空爆したのである。被害はそれほどでもなかったが、「本土を爆撃された」というアメリカのショックは大きかった。

航空産業のみならず、戦艦大和をつくった造船業、電子レンジの元となるマグネトロンを開発した電気技術など、アメリカは日本の科学力を大いに恐れていたのだ。

それは、同盟国となって70年を過ぎた現在でも、さほど変わらない。

戦後の日本は、確かに軍事産業が衰退した。

が、その他の産業は急激に発展し、自動車、家電などで世界のトップに立った。

その技術が軍事転用されれば、日本はいつでも軍事大国になれる。そういう危惧をアメリカは持ち続けているのだ。

だから、兵器に転用されると非常に危険（アメリカにとって）が大きい「原子力」の分野で、日本が躍進することは決して快いものではなかったのだ。

世界は日本の核技術を恐れている

日本の軍事技術を恐れているのは、アメリカばかりではない。

日本人にはあまり自覚はないが、世界各国は日本の軍事力に対して非常に危惧を抱いているのである。

たとえば日本が人工衛星の打ち上げに成功したりすると、中国ではたびたびそれをニュースとして取り上げる。日本よりも中国で報道される機会が多いほどである。

なぜ中国がそれほど大々的に報道するかというと、中国は日本の人工衛星を単なる「宇宙開発」とは見ていないからである。

人工衛星の技術というのは、ミサイルの技術とほぼ同じである。

人工衛星において世界最高水準の技術を持っている日本は、つまりは世界最高水準のミサイル技術を持っているのと同じなのである。

しかも日本は原子力の分野でも、世界最高水準である。

原子力というのは核エネルギーの一つであり、原子力の技術とはすなわち核技術である。

昨今の日本では、「原子力」と「核」を分けて言い表す傾向があるが、そもそも原子力と核とほぼ同義語なのである。

日本は核ミサイルこそつくっていないが、「核」も「ミサイル」も最高の技術を持っている。これは世界の国から見れば、脅威でないはずはない。

たとえば中国のネットメディア「今日頭条」では2017年1月26日に配信した記事で、日本のロケット兵器に関する技術は**「決して軽視することができない」**と述べている。

この記事によると、

「日本は液体燃料のロケットで重さ10トンの人工衛星を高度300キロメートルまで優に打ち上げることができ、その技術を弾道ミサイルに転用した場合に、世界のあらゆる場所を狙うことが可能であることを意味する」

「日本は決意さえすれば、いつでも大陸間弾道ミサイルを開発できる。日本は6か月もあれば核弾頭を製造できる能力があるとの分析がある。日本は核弾頭を製造するうえで必要になるウランやプルトニウムも国内に保有している」

という。

また軍事偵察衛星の分野でも日本は世界最高水準にある。軍事偵察衛星は世界中で十数か国しか打ち上げていないが、日本はその中に入っているのだ。日本の軍事偵察衛星は表向き「情報収集衛星」とされているが、事実上、軍事衛星の機能を果たしているとされている。そして日本の「情報収集衛星」は、アメリカに次ぐ情報収集能力を持っているとされている。

このような日本の軍事力が、世界の国々（特に中国や韓国、北朝鮮）にとって脅威でないはずはない。

そもそも第二次世界大戦前までの日本は、強力な軍事国家だったのである。

一時は、たった一国で東南アジアから欧米の軍を駆逐するほどの戦争強国でもあったのだ。

「日本がまた軍事国家となったなら、恐るべき核兵器大国になる」

日本人の多くは日本が軍事国家になるはずないと信じているが、世界の人々の見方はそれとはまったく違うのである。

東芝は、中国での原発建設も受注していた（東芝が直接受注したのではなく、子会社のWHが受注したという形ではあったが）。

中国にしても、日本が中国の原子力分野で大きな影響力を持つことは、気分がいいはずはない。

しかも中国には、「反日感情」という別の危険要素もある。

2012年9月、中国人デモ隊に襲われ、窓ガラスなどを割られた瀋陽の日本総領事館

2012年に、中国全土で繰り広げられた反日デモをご記憶の方も多いはずである。この反日デモは、日本政府が尖閣《せんかく》諸島を国有化したことを発端に起こったものである。日本人への傷害事件などはほとんどなかったものの、日系企業や日系の商店などが次々と暴徒に襲われた。日本車に乗っていた中国人が暴徒に襲われるケースも相次いだ。トヨタやパナソニックなどの工場も襲撃された。

このデモにより日系企業は休業補償も含めると、莫大な損失を蒙ったはずである（正確な損失額は調査されていない）。そして、その損害を中国政府や加害者が補償することは、ほとんどなかった。

中国に進出する日系企業は、この「反日

感情リスク」も念頭に置いておかなければならない。
だから日本企業が中国の原発建設を受注しても、困難を極める可能性が高いのである。

日本も決してフェアではない

これまで日本企業がアメリカなどで、発電事業に参入するのがいかに難しいものであるかを述べてきた。

が、逆の見方をして、外国から見て日本の公益事業は参入しやすいかどうかを検討した場合、日本の市場はアメリカなどに比べてはるかに参入しにくいということになる。

つまり大所高所から見れば、日本も決してフェアではなく、一概に日本が被害者だとはいえないのである。

たとえば、鉄道、発電所といったインフラ施設などの事業。

日本のゼネコンは世界中の国々に赴いて、鉄道や交通機関、発電所などさまざまなインフラ整備を受注している。

その一方で、日本国内のインフラ整備において、外国企業はほとんど参入していないのである。

公益事業、公共事業については、世界中の国々が一定の**「外国企業規制」**を行なっている。

しかし1996年、世界貿易機関（WTO）により政府の公共事業などの「内外無差別」を原則とする「政府調達協定（GPA）」が発効し、日本もこれに加盟している。

この協定では中央政府で7億4000万円以上、地方自治体で24億7000万円以上の公共事業について、外国企業の入札を認めなければならないということになっている（平成29年度末まで）。当然、日本も該当する公共事業については、外国企業の入札が認められている。

しかし現在のところ、日本の公共事業、公益事業に外国企業が参入しているケースは、非常に少ない。

日本では入札する際にさまざまな条件がつけられるほか、建設業界などには**「暗黙のルール」**が存在するために、外国企業がそう簡単に入ってくることはできないのである。

アメリカなどは以前から、この「日本市場の閉鎖性」を批判してきた。日米構造協議などでも「公共事業に外国が参入できない」ことは、たびたびやり玉に挙げられてきた。

しかし日本側はのらりくらりとかわし、実質的に日本の公共事業は外国企業が参入できない状態になっているのだ。

発電事業などは特にそうである。

たとえば2013年、沖縄電力において日本で初めて外国製（ドイツ製）のガスタービン発電設備が導入された。このガスタービンは、ドイツのシーメンス社製である。シーメンス社は火力発電において、アメリカのゼネラル・エレクトリックと並ぶ世界の2大メーカーの一つである。そのシーメンス社でさえ、それまで日本にまったく納入できていなかったのだ。

また東京電力の設備資材に関する輸入比率は、5～8％程度である。

これだけ外国製品があふれているのに、東京電力が使っている外国製品はわずかなのだ。外国企業が日本の公益事業などに参入することが、どれだけ難しいかということである。

日本は他国に国内の原発建設をさせなかった

日本が他国の公益事業参加を避けてきたのは、原発事業にもいえることである。

前述したように日本は戦後8年間、GHQによって原子力の開発を禁止されていた。だから原子力開発が解禁された当時は、日本の原発技術は世界から大きく取り残されていた。

日本の原子力開発はGHQの解禁後、すぐに始められた。昭和31（1956）年に日本原子力産業会議がつくられ、アメリカ、イギリスに視察団を派遣した。原子爆弾によって敗戦して、わずか11年後のことである。

当然、国内では原子力の活用に反対する声は大きかったが、国と経済界を挙げて、「資源のない日本は、少ない資源で大きなエネルギーが得られる原子力の開発は不可欠」という言論キャンペーンを張り、日本の原子力開発を推進させたのだ。

そして日本の大手機械メーカー、電機メーカーを結集させ、国家事業として原子力発電をスタートさせた。

当初こそアメリカのゼネラル・エレクトリックや、WH（ウェスチングハウス）などの技術支援を仰いだ。が、すぐに日本は原発事業からアメリカやイギリスの企業の関与を断ち切り、国内事業者のみで運営するようになった。

日本としては、原子力という最新の産業技術を国内の企業に早く会得させたいということもあったただろう。〝軍事力〟を持たない日本は核技術の発展により、他国に睨《にら》みをきかすという狙いもあったはずだ。

また原子力発電はもし事故を起こせば、甚大な被害をもたらす。そういう危険な事業に他国の企業を参入させ、事故が起きたときに、ちゃんと責任を取ってくれるのかという危惧もあったはずだ。

だから日本は官民が全力で原発技術の向上に努め、素早く**「純国産化」**したのである。

しかし日本が感じた危惧というのは、当然、世界中の国も感じるはずである。

原発という（いろんな意味で）国を左右するような大事業を、簡単に他国の企業に任せたくはない、できれば自国の企業で行ないたい、どの国もそう考えるのが普通である。

だから、**「原発輸出を収益の柱に置く」**という東芝の企業戦略は、最初から非常に危険を伴うものだったのだ。

そこに、福島第一原発の事故という大きなマイナス要素が加わった。

この時点で東芝は、原発ビジネスを考え直すべきだったのである。

にもかかわらず、東芝はそうしなかった。いや、東芝だけではない。安倍政権の成長戦略指針にも謳《うた》われているように、政府としても原発の輸出を今後の日本の産業の柱にしようと目論んでいたのだ。

ここが東芝の最大の失敗だといえる。そして政府にも大きな責任があるのだ。

第3章

日本メーカー最大の過ちは「技術流出」

白モノ家電の帝王だった東芝

「東芝は原子力事業で失敗しても白モノ家電があるじゃないか？」

そう思った人も多いはずだ。

東芝というと、サザエさんのＣＭで有名な冷蔵庫、洗濯機などのいわゆる「白モノ家電」をイメージする人も多いだろう。

しかし実は、東芝は現在、白モノ家電の製造を行なっていないのだ。

「製造を行なっていない」

というと語弊《ごへい》があるが、白モノ家電の製造部門は本社と切り離し、外国企業に売却されているのだ。

東芝の白モノ家電は、東芝ライフスタイルという東芝の子会社が担っていたのだが、２０１６年６月に中国企業の「美的集団」に買収された。しかも買収金額は、わずか５００億円程度である。

この買収により東芝ライフスタイルは、美的集団の持ち株が80・1％、東芝の持ち株は19・9％となった。東芝の資本も若干は残るが、事実上、美的集団の傘下に入ったのである。

買収の条件として、今後40年間は東芝ブランドを使用するということになっており、白モノ家電で東芝の名はしばらく残ることになる。

しかし東芝の「本家」が白モノ家電を手放したということは、紛れもない事実である。東芝の白モノ家電は中国企業になったのだ。

白モノ家電は、実はかなり以前から東芝の事業の主流ではなくなっていた。美的集団に買収されたとき、東芝の売上全体に占める白モノ家電の割合は、5％にも満たなかったのだ。

近年、東芝の白モノ家電は急速にシェアを失い、かつての栄光はかすんだものになっていた。

東芝が白モノ家電を手放した過程というのは、実は日本の輸出企業たちの昨今の苦戦を象徴しているものでもある。

ここで、東芝という企業のかつての栄光について、若干、言及しておきたい。

以前、東芝は日本の白モノ家電の中心的なメーカーだった。

つい十数年前までは、世界中の市場を席巻《せっけん》していたのだ。だから、ほとんどの日本人は、まだ「東芝といえば白モノ家電」とイメージしてしまう。

東芝の家電は、長い歴史と優れた業績を残してきた部門である。歴史的な発明も多く行っている。

たとえば、「自動炊飯器」。

日本だけではなくアジアを中心に世界中に普及している「自動電気炊飯器」は、昭和30(1955)年12月10日に、東芝によって世界で初めて発売されたものなのだ。

それまでも電気式の炊飯釜は製造されたことがあるが、それは自動式ではなく、単に電気式の釜というだけのものだった。

しかし、昭和30年に発売されたこの電気自動炊飯器は、スイッチを入れるだけで自動的に米が炊《た》けた。またタイムスイッチと連動すれば、寝ている間にごはんが炊けた。おかげでご飯を炊くために、朝早く起きる必要がなくなったのである。

またこの自動電気炊飯器の誕生は、日本の米文化を大きく発展させた。

現在、日本のお米は世界で一番おいしいと言われる。

米の品質改良がどの国よりも進んでいるからである。日本で米の品質改良が進んだのは、早い時期に自動炊飯器が開発されたことと無縁ではない。自動炊飯器により誰もが同じ条件で米を炊くことができるようになり、米の品質比べがしやすくなったからである。

この自動電気炊飯器は、東芝の営業社員である山田正吾と、町工場の経営者である三並義忠によって開発されたものなのである。

発明の経緯は次のようなものだ。

営業社員の山田は家電の営業をしているうちに、米を美味しく炊ける電気釜があれば、売れるのではないか、と思いついた。当時、米を炊くということは主婦にとって非常に重労働だった。朝ごはんのために早朝に起床しなければならないし、お米を炊いている間は手が離せないからだ。

しかし、それを自動でやってくれる機械があれば、その重労働から解放される。おそらく大きな需要があるはずだ、そう考えた山田は昭和25（1950）年7月、新商品開発会議で電気釜の開発を正式に提案した。

しかし、この提案は会社ではあまり相手にされなかった。

そのため昭和27（1952）年、山田は独断で「光伸社」という小さな町工場の社長・三並義忠に電気釜の開発を依頼した。

三並義忠は芝浦工学校（現・芝浦工業大学）を卒業し、大田区に光伸社（のちサンコーシャに吸収合併）を設立し、日本初の精密測定器製造に乗り出していた。

昭和28（1953）年、山田と三並は東芝本社の支援を受けずに、自腹を切って「自動式電気釜」の開発をスタートさせた。

三並は自宅を抵当に入れ、所有していた土地を手放して開発費を捻出した。そして4か月に及ぶ炊飯実験で、理想のコメの炊き方をつかんだ。

昭和30（1955）年12月10日、六合炊きの「東芝電気釜」が限定発売された。初回の売れ行きは芳しくなかったが、宣伝作戦が徐々に効果をあげ、東芝は全国販売に切り替え、大々的に売り出しが始まった。

昭和32（1957）年には月産1万台を達成し、昭和39（1964）年には電気釜は日本の家庭の半分以上に普及した。以前の日本では、モノづくりに関してこういう熱いドラマが幾多もあったのだ。

この自動電気炊飯器の技術は、今でも日本が世界をリードしている。コンピュータ制御を使って、よりデリケートな炊飯が可能になっており、それは他国の追随を許さない。

東南アジアから日本を訪れた観光客は、秋葉原で電気炊飯器を買っていくことが多い。アジア系外国人のおみやげの一番人気の商品といってもいいほどである。

伝統ある東芝の技術

白モノ家電に限らず、東芝は世界最高の技術を持つ電機メーカーでもある。ソニーのような派手さはないが、製品の性能は非常に高く、「メイド・イン・ジャパン」の信用性を代表するメーカーでもあった。

実は東芝の技術力は、すでに戦前から世界にその名を轟《とどろ》かせていた。

現在の電球の原型となるものをつくったのも、実は東芝だったのだ。

いま使われている電球は、白っぽい色をしているものがほとんどである。この白っぽいガラスの電球は、東京電気会社という会社（後の東芝）が発明したものなのである。

電球は1879年のエジソンの発明以来、世界中の技術者が開発研究を行ない、年を経るごとに明るく丈夫になっていった。そして昭和初期には電球は非常に強い明るさを持つようになり、逆にまぶしすぎるという弊害を生むようになった。そのため、まぶしさを解消する工夫が試みられるようになったのだ。

当時、日本には東京電気という電灯メーカーがあった。

もともとは明治23（1890）年に白熱舎という社名で創業し、明治32（1899）年に東京電気に改称したのである。

この東京電気も電球のまぶしさを解消する研究を行なっていた。この研究を担当していた技術者の不破橘三は、最初はガラスの外側をつや消し（スリガラス状にする）し白く濁らせることを行なった。

しかしこの方法では、まぶしさを解消することはできても照度が極端に落ち、汚れやすく清掃もしにくかった。

そのため不破橘三は、ガラスの内側をつや消しすることを思いついた。ガラスの内側をつや消しするのは、技術的に非常に難しく、また電球が非常に壊れやすくなるという欠点があった。

しかし、失敗を繰り返しながらも粘り強く研究をつづけ、ついに大正14（1925）年に内面つや消しに成功したのだ。

そして昭和元（1926）年に、「内面つや消し自動機械」を開発した。この新技術により、「新マツダガス入り電球」という新商品を発売した。

この電球が、世界のスタンダードとなったのである。現在のホワイトランプと呼ばれる白熱電球は、この「新マツダガス入り電球」と同じ形態、色のものである。ただし現在の白熱電球ではつや消しではなく、内面をシリカなどの白色粉末でコーティングすることによって白色にしている。

それでも不破橋三の発明した「つや消し電球」は、「電球における5大発明の一つ」とされている。

そして東京電気は、昭和14（1939）年に重電メーカーの芝浦製作所と合併し、東京芝浦電気（東芝）となったのである。

世界最先端の東芝の半導体事業

また東芝の技術の高さは、過去の話ばかりではない。

現在でも画期的な発明をいくつも行なっている。

たとえば、半導体分野でもそうである。

東芝の半導体事業は原発建設における巨額の損失の穴埋めのために、売却に向かっている（2017年7月時点）が、この半導体事業においても実は東芝は世界の最先端を行っていた。

現在の東芝の半導体事業の主流は、フラッシュメモリーである。

このフラッシュメモリーは、そもそも東芝が開発したものなのだ。

フラッシュメモリーというのは、ＵＳＢメモリー、ＳＤカード、メモリースティックなどに使われ、現在、パソコン、デジカメ、携帯電話などの機器には欠かせないものである。フラッシュメモリーは不揮発性半導体によるメモリーであり、電源を切っても記憶を忘れないという性質を持つ。また磁気ディスクなどに比べると消費電力は非常に少ない。

もし携帯電話をフラッシュメモリーではなく、磁気ディスクを使った場合、電気容量は１０００倍以上が必要となり、非常に巨大で高額なものとなる。このフラッシュメモリーが開発されたからこそ、パソコン、携帯電話などの発展があったといえるだろう。

フラッシュメモリーを開発したのは、東芝の研究者だった舛岡富士雄である。

舛岡富士雄は昭和18（１９４３）年に群馬県で生まれ、東北大学の電子工学科に進み、一時は大学の研究室に残るが、後に東芝に入社した。入社後わずか3か月で特許を5件も出願した。その中の一つは、アメリカでも特許取得し、インテル社の持つ特許と「無償交換使用契約」をするなど東芝に莫大な利益をもたらした。

そして入社8年目の昭和55（１９８０）年、フラッシュメモリーを開発し特許を取得した。フラッシュメモリーには、ＮＯＲ型とＮＡＮＤ型と呼ばれる二つのタイプがあるが、両方とも舛岡富士雄が発明したものである。舛岡富士雄はこれらの業績により平成19（２００７）年には、紫綬褒章《しじゅほうしょう》を受けている。

ちなみに舛岡富士雄は、このフラッシュメモリーの発明に対して、東芝の報酬は少なすぎるとして、平成16（2004）年に東京地裁に訴えを起こし、平成18（2006）年に8700万円の和解金で和解している。この訴訟は、「社員の発明に対する報酬」という問題提起ともなった。

とにもかくにも東芝はフラッシュメモリーの開発により、世界の半導体を変えたのである。

その重要な製品であるフラッシュメモリーの分野を今回、手放そうとしているのだ。

なぜ東芝は中国企業に買収されたのか？

本書ではこれまで企業が海外展開し、大々的に儲けることにはさまざまなリスクがある、ということを述べてきた。

が、企業のグローバル化には、もう一つ大きな落とし穴がある。

それは、**技術の流出**である。

企業は「商品を販売するため」に海外展開するだけじゃなく、「商品を製造するため」に海外展開することも多い。

この「製造のための海外展開」は、一時的に企業の収益を押し上げる。

しかし長期的に見れば、その企業の技術を現地に流出してしまい、強力なライバルを育てることになってしまう。

現在の日本の家電メーカーの苦戦の最大の要因は、そこにあるといえる。

日本の家電メーカーは、1970年代からこぞって海外に工場を建設してきた。その最大の理由は、人件費削減である。賃金が高くなった日本の労働者を雇用するのをやめ、アジアの安い労働者を雇用することになった。

この「低賃金戦略」により2000年代前半まで、日本の家電メーカーは世界の家電市場シェアの大半を占めていた。

次ページの表を見てほしい。

世界の家電シェアの1位2位を日本の家電メーカーが占め、10位のうちに5社、15位のうちには7社も占めていたのだ。この時期、すでに韓国のサムスン電子や中国のハイアールも台頭してきていた。にもかかわらず日本の家電メーカーは、世界で圧倒的な強さを持っていたのだ。これがわずか15年前のことなのだ。

が、2000年代後半になって、韓国や中国のメーカーに凌駕されるようになっていった。

2002年時点での世界の家電シェア

単位100万ドル

順位	企業名	母国	家電部門売上	全社売上
1位	SONY	日本	31710	61335
2位	松下（現パナソニック）	日本	27153	60744
3位	サムスン電子	韓国	20042	47606
4位	フィリップス	オランダ	14440	30084
5位	LG	韓国	13377	17836
6位	東芝	日本	12068	46416
7位	エレクトロラックス	スウェーデン	11508	13700
8位	ワールプール	アメリカ	11016	11016
9位	日立	日本	9883	67228
10位	サンヨー	日本	9583	17912
12位	トムソン	フランス	9157	9629
12位	ハイアール	中国	8590	8590
13位	シャープ	日本	7957	16440
14位	ゼネラル・エレクトリック	アメリカ	5887	131698
15位	三菱電機	日本	5883	29865

JETOROサイト記事「日系家電メーカーにおけるグローバル化の進展と再編成」
渡邊博子著より

日本の家電メーカーは、韓国や中国のメーカーに価格競争で敗れ、世界の家電シェアはたちまち彼らに奪われた。

2002年の家電売上で15位以内に入っていた7社のうち、シャープとサンヨーは他企業に買収され、ソニーと東芝は家電部門の一部を売却している。たった15年で、こうも変わるかというほどの衰退ぶりである。

東芝が原子力発電に異常にこだわったのも、「家電の不振」が大きな理由の一つだと言える。この先、家電はあまりあてにならない、だから、韓国や中国のメーカーがまだ追いついていない原子力発電の分野で食っていこうということだったのだ。それが東芝の焦りを生み、結果的にアメリカに一杯食わされる羽目になってしまった。

本章では、日本の家電メーカーが陥った「もう一つのグローバル化の落とし穴」について、追究していきたい。

なぜ欧米は生き残り日本は衰退しているのか?

現在の世界の家電市場を見たとき、興味深い事実が浮かび上がってくる。

まずは、左の現在（2015年）の売上10位の世界の家電メーカーの内訳を見ていただきたい。

1位　ワールプール（アメリカ）
2位　ハイアール（中国）
3位　美的集団（中国）
4位　エレクトロラックス（スウェーデン）

5位　BSH（ドイツ）
6位　LGエレクトロニクス（韓国）
7位　フィリップス（オランダ）
8位　パナソニック（日本）
9位　サムスン電子（韓国）
10位　SEBグループ（フランス）

（各企業の発表データより）


この順位を見て、少し驚く方も多いのではないだろうか？

家電の分野で日本のメーカーは軒並み苦戦しているが、それは中国、韓国の台頭が主要因だとされてきた。だから世界の家電は、中国、韓国のメーカーに席巻されているようなイメージがある。

が、実は、そうではないのだ。

欧米のメーカーは、日本のメーカーと違ってしっかり頑張っているのだ。

2002年に10位以内に入っていた欧米の家電メーカーたち、アメリカのワールプール、スウェーデンのエレクトロラック、オランダのフィリップスは、いずれも現在も10位以内に入っている。5社もあった日本のメーカーがパナソニック1社になってしまったのと対照的である。

むしろ日本のメーカーに席巻されていた1990年代ごろと比べれば、シェアは伸びているといえる。アメリカのワールプールなどは企業買収などの成果が大きいにしろ、2002年には8位だったのが2015年には1位になっているのだ。

なぜ欧米の電機メーカーは生き残ることができて、日本の電機メーカーは衰退しているのか？


各メーカーの主要商品を見ればその理由は見えてくる。

欧米の電機メーカーは、中国や韓国のメーカーとあまり競合していないのだ。

アメリカのワールプールは、冷蔵庫や洗濯機などの「白モノ家電」が主要商品である。だが、ワールプールの扱う商品はアメリカ式の大型のものが主流であり、業務用のものも多い。

中国の家電メーカーがつくる白モノ家電とは、ちょっと分野が異なるのである。

またスウェーデンのエレクトロラックスも白モノ家電が主要商品だが、食器洗浄機、調理器具など、キッチン周りの製品が多い。そしてデザイン性に優れ、家電としてだけでは

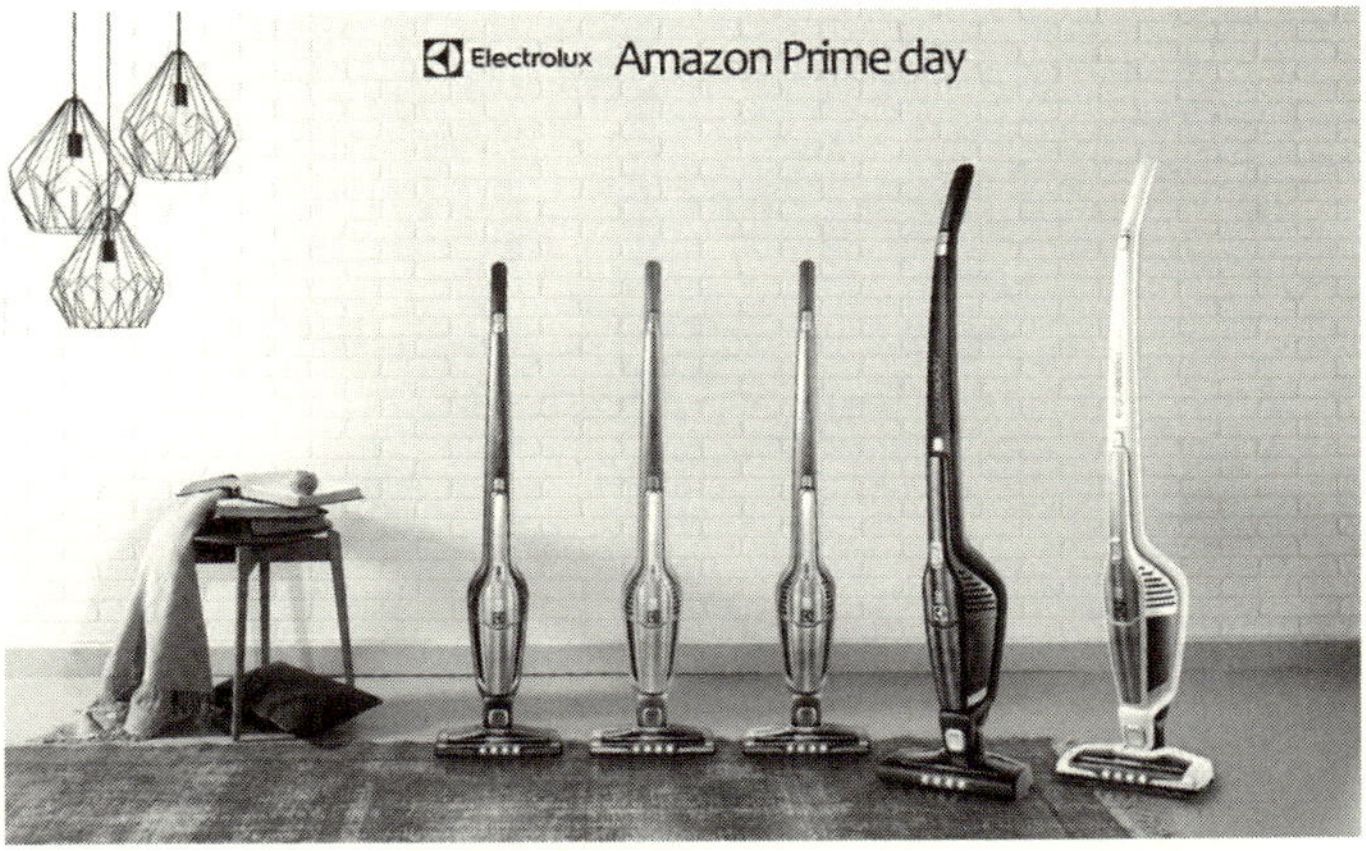

アマゾンでも購入できるデザイン性の高いエレクトロラックス社の製品（同社フェイスブックより）

なく「家具」として高級感のある商品が特徴となっている。

ドイツのBSH、オランダのフィリップス、フランスのSEBグループなども同様に、アジア系の電機メーカーとは若干、主要商品が違っている。

つまり欧米の電機メーカーは、中国や韓国のメーカーとまともにぶつかっていないのである。

しかし日本の電機メーカーの主要商品と、中国、韓国の電機メーカーのそれは、まともにかぶっている。白モノ家電では、冷蔵庫、洗濯機等は同じくらいのサイズのものであり、その他の家電にしても同じような商品が多い。

また以前は分野だけじゃなく、商品その

ものも似ているものが多かった。中国や韓国の電機メーカーの製品は、明らかに日本製のコピー商品と言えるものが多々あったのだ。構造だけじゃなく、デザインもそっくりなものが多く出回っていた。

つまり韓国や中国の電機メーカーは、日本のメーカーを手本にしてきたのである。そして彼らには安い人件費という強力な武器があった。

そのため日本の電機メーカーは、中国、韓国に価格競争で敗北してしまっているのだ。

なぜ日本と中国の電機メーカーは、主要商品がかぶっているのか？

それにしても、なぜ日本の電機メーカーは、中国や韓国の電機メーカーと主要商品がかぶっているのか？

その主な理由は次のものといえる。

- **中国、韓国のメーカーは日本のメーカーを手本にしてきたこと**
- **日本のメーカーは早くから中国、韓国に工場を建てて、技術供与をしてきたこと**

つまり日本のメーカーは、自分たちが育てた後輩にシェアを食われていったのだ。日本の家電メーカーは1970年代ごろから急速に外国に進出し、主に東南アジアに工場などを建て始めた。

そして1985年のプラザ合意以降、その勢いが加速した。

プラザ合意というのは、アメリカ、日本、西ドイツ、フランス、イギリスの大蔵大臣の会議で決められた合意内容のことである。このプラザ合意により、5か国は「為替安定のためにお互い協力する」ということになった。

これにより、日本は「円高」を容認せざるを得なくなった。当時の日本は貿易黒字が積みあがっており（特に対米黒字）、円が実勢に比べて低いレートにあることが問題視されていたからだ。

円高になるということは、日本製品の価格競争力が損なわれるということでもある。

これに危惧を抱いた日本の製造メーカーたちは、海外進出を一気に加速させたのだ。人件費の安いアジア諸国に工場を移転し、製品の価格を抑えようとしたのである。

日本の家電メーカーが中国に進出したのは、1970年代の後半である。

1978年、中国の実力者の鄧小平《とうしょうへい》が日本を訪れた際、大阪のパナソニックの工場を視察した。鄧小平は案内役の松下幸之助に、「中国の近代化を手伝ってくれませんか」と頼んだという。松下幸之助は「できる限りのことをします」と約束し、翌年には北京駐在所を設置した。

パナソニックは1987年に、北京にブラウン管製造の合弁会社をつくった。これが日本企業として戦後初めての中国工場となった。

もちろん松下幸之助としては、「安い労働力の供給源」としての中国に大きな魅力を感じていたはずだ。そして、中国がいずれ大きな家電の市場になることも見越していただろう。

が、松下幸之助が見落としていた点がある。

それは中国が下請け工場だけにとどまらず、自ら企業を起ち上げ、日本の家電メーカーを脅かす存在になったということ、しかも20年という非常に短期間で。

日本の企業が海外に進出するということは、その技術が海外に流出するということになる。

企業がどれほど技術の流出防止に努めたとしても、外国に工場まで建ててしまえば技術流出を止められるはずがない。

そして進出先の国では当然、技術力が上がる。

日本人が長年努力してつくり上げてきた技術が、企業の海外進出によって簡単に外国に提供されてしまうのである。

中国、台湾などの企業が急激に発展したのは、日本がこれらの国に進出したことと無関係ではない。日本がこれらの国で工場をつくり、無償で技術を提供したために、彼らは急激に技術力をつけていったのである。

現在の日本の家電企業などの停滞は、もとはと言えば日本企業が安易に海外進出したことで起こったのである。

企業としては、当面の収益を上げるために人件費の安い外国に進出したくなるものが、これは長い目で見れば、決してその企業の繁栄にはつながらない。進出先の国でその技術が盗まれ、安い人件費を使って対抗してくるからである。

つまり日本企業は、自分で自分の首を絞めているのである。

台湾の電機メーカー「鴻海精密工業」に買収されたシャープなども、その典型的な例である。

世界最先端の技術を持っていたシャープ

2016年に、経営再建中のシャープが台湾の鴻海《ホンハイ》グループに買収されたニュースは日本中に衝撃を与えた。

シャープは2015年度（2014年4月～2015年3月）に1000億円を超える最終赤字を計上し、3000億円を超える偶発債務を抱えていた。そのため自力での再建を断念し、身売りしたのである。

近年のシャープは経営が思わしくなく赤字が続いていたが、昔から高い技術力を誇り、かつては日本を代表する輸出企業だった。

シャープは、戦前からすでにその名を世界に轟かせていた。

シャープにも東芝と同じような成功物語がある。

シャープの創業者である早川徳次は明治26（1893）年、東京・日本橋の職人の家に生まれた。家が貧しかったため、早くから錺屋《かざりや》に年季奉公に出された。

が、早川は腕が良く、奉公先では重宝された。年季奉公を終えた後も、職人として2年半、奉公先の店に勤めた。

早川は、発明家としての才能を早くから発揮していた。大正元（1912）年、ベルトのバックル「徳尾錠」を発明した。徳尾錠とは穴を開けずにベルトを締められるバックルのことである。現在も広く使われているので、ほとんどの方がご存知だろう。あれは早川徳次の発明品なのである。もちろん、これは大ヒットした。早川は、他にも洋傘付属品の金具の石突きに模様を入れる方法などを実用化させている。

同年9月、早川徳次は本所の松井町（現・墨田区）に民家を借りて金属加工業として独立した。「徳尾錠」の製造が当面の主な業務だった。

これが、シャープの創業とされている。

大正4（1915）年、新たな転機が訪れる。

早川の製造所に、繰出鉛筆の内部部品の製造依頼があった。繰出鉛筆というのは、機械的に芯を繰り出す筆記具のことで、シャープペンシルの原型である。当時の繰出鉛筆は、重要部分が何個もの金具を組み合わされているなど構造上の問題もあって、非常に故障しやすく実用的ではなかった。

早川は重要な三つの部品を一枚板の真鍮《しんちゅう》で加工するなどして、この欠陥を克服した。

そして従来は指で押さないと芯がひっこまなかったのを、繰出し用のネジを逆方向に回転させるだけで自動的に芯が納まっていく仕掛けにしたり、芯を最大限まで繰出すと芯が自然にはずれてとれるようにするなど、新しい工夫も織り込んだ。

これがシャープペンシルの誕生とされている。


この発明を契機に、兄の政治とともに、早川兄弟商会金属文具製作所を設立した。

さらに早川は、芯を細くした製品を開発し、「エバー・レディ・シャープ・ペンシル」と名付けた。この商標名で、アメリカや諸外国でも特許を申請した。この「エバー・レディ・シャープ・ペンシル」を略して、シャープペンシルと呼ばれるようになったのである。

早川は、関東大震災で工場が大損害を受け、一時はシャープペンシルの特許をすべて譲渡するなど苦境に陥ったが、すぐに再起し新たに「早川電機工業」（後のシャープ）を創立した。早川電機はラジオ製造で大躍進し、戦前の時点で国内有数の電機メーカーとなる。

戦後もテレビ製造などをいち早く開始し、日本を代表する家電メーカー「シャープ」となったのである。

シャープは、その後も電機のさまざまな分野で重要な発明をしている。

たとえば1962年に、日本の家電メーカーでは初めて電子レンジを発売した。

1963年には太陽電池を大々的に事業化し、現在もこの分野で世界に大きなシェアを持っている。

また液晶テレビの大型化に世界で初めて成功したのも、シャープなのである。

液晶テレビは1980年代に実用化されていたが、大型化するのが難しく、長く小型テレビに特化していた。

シャープは、技術系の社員が昭和43（1968）年に液晶技術の先端を行っていたアメリカのRCA社を訪問した際に、「今後、液晶テレビがテレビの主流になる」と踏んで、液晶テレビの開発に乗り出した。しかし液晶の実用化は非常に難しく、シャープの先生であったRCA社は、昭和47（1972）年には液晶分野から撤退している。

シャープは、昭和62（1987）年には、3インチの液晶テレビを開発していた。その後、研究を進めて、平成14（2002）年には液晶ディスプレイの大型化に成功し、薄型テレビの先鞭《せんべん》をつけたのだ。

現在でもシャープは、iPadやパソコンなどに使われているIGZOパネルの量産において世界一の技術を持っている。IGZOパネルは、節電と高解像度に優れている。特に節電性は高く、従来の電池で数倍も長持ちするのである。このIGZOパネルの量産技術は、シャープ独自のもので、他社は真似をできないのだ。

なぜシャープは下請け会社に買収されたのか？

なぜ、この高い技術力を持つシャープが、台湾企業に買収されるまでに至ったのか？

それは一言でいえば**「グローバル化の失敗」**である。

シャープは他の日本の電機メーカーと同様に、1970年代からアジア諸国に工場をつくっていた。

台湾にも、1986年に子会社と工場をつくっている。それが台湾の技術力の向上につながったのだ。

当時のシャープは、よもや台湾やアジア諸国の企業が自社と競合し、打ち負かされるなどということは思いも及ばなかったはずだ。

が、30年後の現在、シャープは台湾企業に買収されたのである。

シャープを買収した「鴻海《ホンハイ》精密工業」というのは、独自ブランドの製品はほとんど持たず、世界の有名メーカーの下請けをしてきた企業である。日本の企業の多くも、この「鴻海精密工業」と取引をしていた。

シャープを買収した鴻海グループ（鴻海精密工業）は、1974年に実業家のテリー・ゴウ（郭台銘）によって設立された。

鴻海精密工業は、電子機器の下請け工場として急成長を遂げ、現在ではEMS（電子機器受託製造サービス）の世界最大手となった。世界中のさまざまな電子機器の製造をしており、現在はアップルが取引額の半分を占めている。

EMSという事業形態は、従来あまり収益力がないとされてきた。しかし鴻海精密工業は、中国の経済特区に巨大な工場を建設するなどの大規模な投資により、利益率を大幅に引き上げることに成功したのである。

鴻海精密工業は台湾の企業と言いつつも、中国本土をうまく使っているのが特徴である。中国・深圳《しんせん》に東京ドーム25個分に相当する大工場がある。これはiPhoneの製造に使用されており、その巨大さから紫禁城《しきんじょう》とも言われている。

経営者のテリー・ゴウは、中国の要人とも親交がある。台湾の企業というより、中華系の企業と言ったほうがいいかもしれない。

また日本企業との関係も深い。これまで任天堂、ソニーの製品にも携わってきた。日本電産とは現在も深い結びつきがあり、大量のモーターを日本電産から調達している。

つまり鴻海精密工業は欧米や日本の有名メーカーの技術供与を受けることで、急成長、急拡大してきた電機メーカーの典型なのである。日本の家電メーカーのように、独自の製品を発明、開発したというエピソードはほとんどない。

現在、台頭している中国、韓国、台湾の電機メーカーというのは、ほとんどがこのパターンである。

日本企業や日本政府は、この問題に本気で取り組んでほしいものである。

日本企業が海外に移転するのを促進するのではなく、国内で頑張ることを支援する。そうしないと今後、ますます日本企業の地盤低下は進んでいくはずだ。

断っておくが、筆者はナショナリストではない。

日本だけが発展すればいいなどとは思っていないし、発展途上国も豊かになってほしいと思っている。だから日本企業が発展途上国の技術向上に寄与することは、やぶさかではない。

日本企業が「国際貢献をしたい」「発展途上国に技術供与をしたい」という明確な意識のもとで、計画的に海外展開を行っているのであれば、筆者はもろ手を挙げて賛同したい。

が、現在の日本企業の海外進出というのは、安い人件費を求めて、目先の利益確保のために行なわれているものである。

そのために日本の雇用や技術が失われることは、まったく考慮されていない。つまりは、収益（株主のため）のことしか考えていないのである。

日本で培われた技術は、まず日本のために生かすべきであろう。日本の雇用を守り、日本人の生活を豊かにする、まずそこに使われるべきである。その上で、発展途上国にも寄与すればいいのである。

株主の利益を優先するばかりに、日本の雇用と技術力を失わせることは絶対に間違っていると言えるのだ。

日本の技術を吸い取って成長した中国

前述したように日本の家電メーカーは70年代からこぞって東南アジアに進出し、それが技術の流出を招いた。

昨今の東南アジアの経済成長は目を見張るものがあり、特に中国経済の成長は著しい。

１９９６年には、中国は日本に次いで世界第2位の外貨準備保有国となった。

２００２年には世界第4位、２００３年には世界第3位の貿易大国となった。現在は、断トツの世界一の貿易大国となっている。

そして中国は現在、アメリカに次いでGDPで世界第2位となっている。が、借金の少ない中国の実質的な経済力は、すでにアメリカを抜いているとも言われている。

家電分野などは、中国企業が世界をリードしつつある。東芝、シャープ、ソニーなど、日本の家電業界が苦戦している最大の理由も中国の急成長にあるといえるのだ。

以前の中国は、「世界の下請け工場」という役回りだった。

しかし昨今は、中国で起ちあがったメーカーが世界市場にガンガン乗り出してきている。

そこには、中国の巧みな**「先進国からの技術獲得戦略」**があったのである。中国ほど素早く大量に、先進国の技術を獲得した国はないといえる。逆に言えば、中国の今の繁栄は、「先進国からの技術獲得」にあったといえるのだ。

外資の力を最大限に利用

中国というのは、いわば資本主義と共産主義の**「いいとこ取り」**の経済政策を敷いてきた。

自由主義と同様に自由な商売をさせ、外国にもビジネスを開放し、経済を発展させる。

中国の輸出入に占める外資系企業の割合

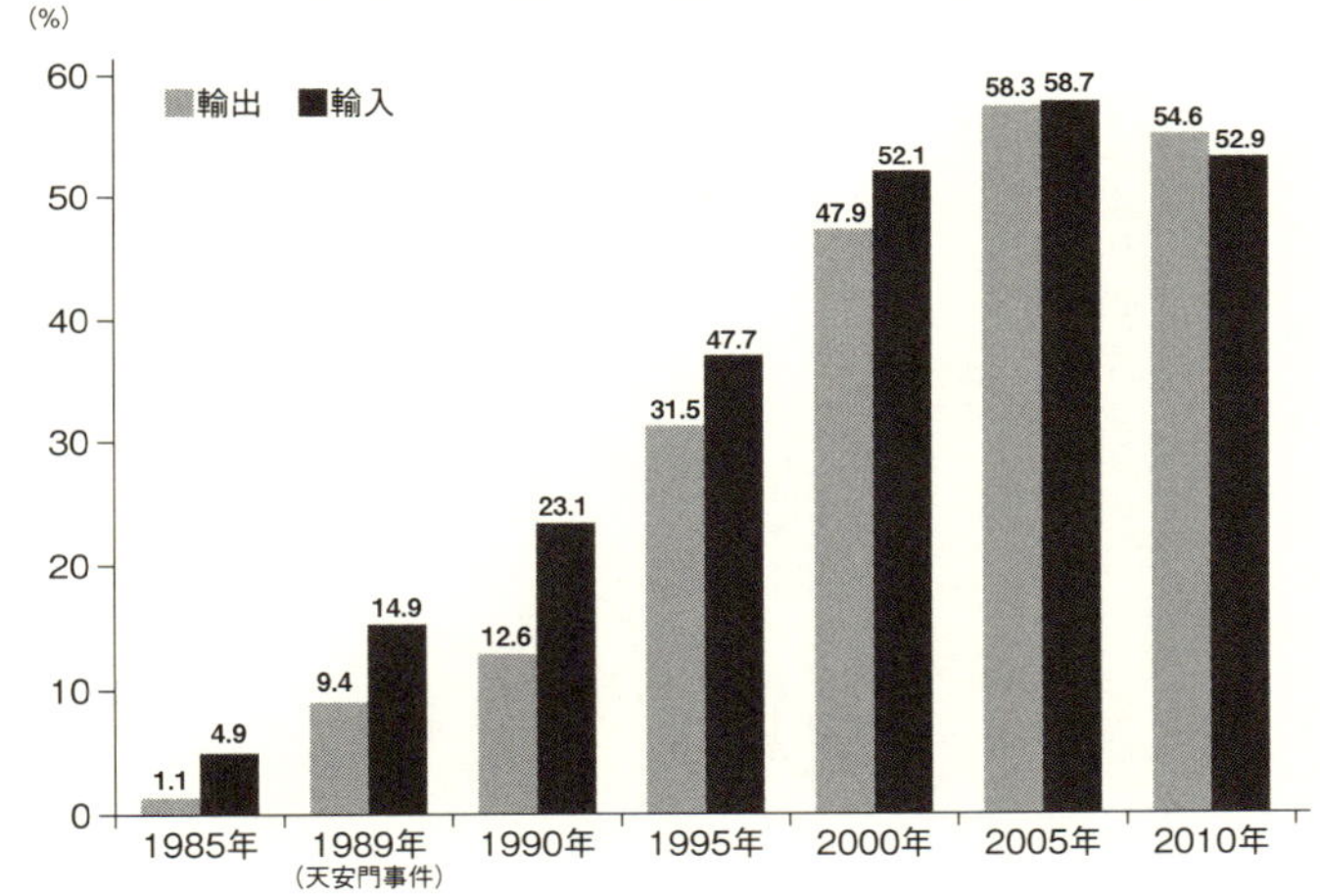

『米中経済と世界変動』大森拓磨著（岩波書店）より

しかし市場経済において何か不具合が生じたときには、共産主義としての強権を用いて、政府が強引に指導修正する。

自由主義国の場合は、なかなかそうはいかない。政府はビジネスや経済に関してタッチしないという建前があるので、何か不具合が生じても強引に指導修正などはできない。

その手法は自由主義国から見れば、前時代的だと思われる場面も多々ある。が、良いか悪いかは別として、その前時代的とさえ思われる**「国家主導と市場原理を都合に応じて使い分ける手法」**で中国は急発展をしたのだ。

そして中国の改革開放政策というの

は、ただ単に外国との交易を開放するというだけのものではなく、実は非常に巧みなものだった。

中国の経済成長方法は、欧米や日本の経済成長方法とはかなり異なる。

簡単に言えば、「外資を呼び込み、外国人に工場を建ててもらって、産業を発展させる」という方法である。

イギリス、アメリカ、ドイツ、日本などの中国以前の工業国は、自国の企業が起ちあがってくることで経済発展をしてきた。国の発展段階で外国の支援を受けたこともあったが、本当に国力をつけるときというのは、自国の企業が原動力になっていた。

たとえば日本では、明治初期に外国の支援を仰いだり、一部の外国企業が進出したりもしていた。が、すぐに紡績会社などが国内で起ちあがっていき、工業国の仲間入りを果たしたのである。

イギリス、アメリカ、ドイツなども同様で、自国の企業が成長するのと比例する形で経済成長をしてきた。

しかし中国の場合は、これらとはかなり違う。

中国の経済発展は、他国の企業が主役なのだ。他国の先進企業が次々に進出し、工場を建てる。そこでつくった製品を、その国の母国や諸外国に輸出する。中国は場所と人材を提供するだけである。

それでも外国の企業は、人件費やさまざまな諸費用を落としてくれる。しかも技術やノウハウ、先進の設備などを、どんどん中国に持ってきてくれる。

この**「外国企業主導経済」**により、中国は急激に経済発展したのである。「資本主義」の恩恵をもっとも受けているのは、実は中国といえる。

「経済特区」という誘い水

では中国は、どうやって外国の企業を呼び込んだのか？

中国は1979年に改革開放政策を始めると同時に、深圳、珠海《しゅかい》、汕頭《さんとう》、廈門《あもい》、海南島に経済特区をつくった。経済特区というのは、特例的に外国企業の進出を認め、税金の優遇などを行なう地域のことである。

中国は共産主義国であり、企業はすべて国営か国営に準ずるものという建前がある。だから、それまで原則として外国企業が入ってくることはできなかった。

しかし経済特区をつくることにより、「その地域だけは自由主義国と同じように外国の企業が入ってきてもいい」ということにしたのである。

しかも経済特区では、税金の優遇措置やインフラ整備などを行ない、積極的に外国企業を誘致した。

深圳、珠海、汕頭、廈門、海南島はいずれも沿岸地域であり、香港、マカオ、台湾などと近接したところである。ここに経済特区を設けることで、香港、マカオ、台湾の企業や投資マネーを呼び込もうとしたのである。

これまで閉鎖市場だった中国がいきなり全部開放してしまえば、国の経済は大混乱する。しかも中国は19世紀に、欧米諸国から経済的な侵略を受けてきた経緯がある。だから、国の一部を少しずつ開放していったのだろう。

中国のこの政策は、当たったといえる。

経済特区はたちまち多くの外資系企業を呼び込み、中国経済をけん引するようになる。

中国はその後、徐々に経済特区を拡大していった。

１９８６年までに、新たに大連・秦皇島《しんこうとう》・天津・煙台《えんたい》・青島・連雲港《れんうんこう》・南通《なんつう》・上海・寧《ねい》波《は》・温州・福州・広州・湛江《たんこう》・北海の14都市が「経済技術開発区」に指定された。

「経済技術開発区」とは、経済特区よりもさらに自由度の増した地域のことである。当然、外国企業の税制優遇などもある。

しかも、この経済特区には巧妙な仕掛けがあった。

「技術を持った外国企業」を優先的に誘致したのである。

中国はこの経済特区において、一定の技術を持った企業に対して極端に税金を安くするなどの優遇措置を行なった。そのため世界中の一流企業がこぞって、中国の経済特区に工場をつくるようになったのだ。

中国はこの経済特区により、外国のお金を使って経済を急成長させ、しかも外国の先進の技術までを無料で手に入れたのである。

そうして、力をつけた中国の企業たちが今、東芝をはじめとした世界中の有名メーカーを買収しているのだ。中国に技術供与をしてきた先進国のメーカーたちは、**「いい面の皮」**なのである。

かつての下請け会社に買収された東芝白モノ家電

東芝が白モノ家電の事業を中国企業の「美的集団」に売却したということは、すでに述べた。

この美的集団というのは、かつては東芝の事実上の下請け企業だったのである。

美的集団は、1968年に広東省・順徳の住民23人によってつくられた「北湾街道プラスチック生産チーム」が発祥である。

当初は、小さなプラスチック工場に過ぎなかった。

1980年に扇風機の試作が成功したことで家電に参入する。81年には「美的」を商標登録した。85年からエアコン、炊飯器、冷蔵庫等の生産も開始し、92年には株式会社化した。93年には深圳株式市場に上場した。

80年代の年平均成長率は60%、90年代も50%という驚異的な成長を遂げた。

美的集団の発祥の地である広東省・順徳は、改革開放政策の象徴的な地域でもあった。ここには90年代以降、日本や欧米の企業が相次いで工場を建設した。東芝、三洋、パナソニックなどもこの地に工場を建設している。

美的集団などの順徳の中国メーカーは日本、欧米の下請け工場として、急成長を遂げたのである。

美的集団の強みは、何と言っても「価格」である。それは、もちろん美的集団に限らず、中国の電機メーカーすべてに言えることではある。

人件費、土地の安さ、税金の安さからくる「低価格」に、先進国が対抗するのは無理なのだ。

たとえば、かつては日系メーカーの独壇場だった「炊飯器」の価格を見てみよう。2011年時点での炊飯器の価格は、パナソニックが3000元から3000元、タイガーが1800元から3000元、東芝が600元だった。

それに対し、美的集団は100元から1000元だった。安いものでは、日本製の3分の1の値段だったのである。

この「圧倒的な価格差」で、美的は白モノ家電のシェアを獲得していった。

現在、美的集団は発祥の地である順徳をはじめ、広州・中山、重慶、江蘇《こうそ》など中国各地に生産拠点を展開している。また美的集団の家電製品は200を超える国、地域に輸出されている。

美的集団に技術を提供し続けた東芝

実は東芝と美的集団は、以前から深い結びつきがあった。

東芝は、1993年に美的集団と業務提携を開始した。業務提携といっても、当時の東芝と美的集団では大人と赤ん坊ほどの違いがあり（もちろん東芝が大人である）、事実上、東芝が中国に進出するための窓口として美的集団を使っていたのである。

美的集団の現在の主力商品である炊飯器は、このときに東芝からマイコン技術などを導入しているのだ。

また東芝は90年代初頭に広東省・順徳の「萬家楽」という中国企業とエアコン・コンプレッサー製造の合弁会社をつくっていた。この合弁会社が失敗し、1998年、順徳の自治体政府が仲介し、「萬家楽」の持ち株を「美的集団」に買収させた。

そのため東芝と美的集団は、エアコン・コンプレッサー製造を共同で行なうことになり、合弁会社の名前も「美芝」とされた。

この「美芝」の経営は大成功をおさめ、美的集団は一躍エアコンの世界有数のメーカーとなったのだ。

東芝は、いわば美的集団の飛躍の立役者ということになる。

もちろん東芝としては、美的集団を中国進出の足掛かりとしようという意図があった。東芝と美的集団がつくった合弁会社は、東芝ブランドの家電製品を製造販売するものでもあった。当時、美的集団とその合弁会社は事実上、東芝の中国での下請け企業だったのである。

が、美的集団は東芝との業務提携によって急速に発展し、中国有数の家電メーカーに成長した。

そして中国という大市場を制することにより、莫大な資金力をも手にした。

２０１５年には、東芝の白モノ家電事業である「東芝ライフスタイル」を傘下に収めるまでになったのだ。

もちろん、この美的集団の急成長の陰には、東芝の技術供与が大きく影響しているのだ。東芝は人件費軽減などのために安易に中国に進出したが、その結果、中国企業を巨大化させ、強大なライバルをつくった。しかも、最後にはそのライバルに食われてしまったのである。

こんな**バカバカしい話はない**のだ。

それにしても、なぜ昨今の中国の家電メーカーは大して儲かってもいない日本の家電メーカーを欲しがるのか？

中国家電メーカーの弱みは、ブランド力を持たないことである。

中国家電メーカーは、欧米や日本企業のＯＥＭ製品を生産してきた。中国の家電メーカーの知名度は低く、また中国のメーカーというだけで「品質が悪い」というイメージがつきまとってきた。

中国の家電メーカーとしては、ブランド力が欲しい。

そのため日本の有名メーカーが経営難で売りに出されるのは、「渡りに船」という状況なのだ。

今後、日本の家電メーカーが中国企業から買収される例は、増えるかもしれない。製造業全体で見れば、その数は非常に大きいものとなるだろう。

日本の家電メーカーは中国と競争するべきではない

昨今の日本の家電メーカーは、無理に中国のメーカーと競争しようとしたことにより自滅してしまった、という感が強い。

中国や東南アジアの家電メーカーが台頭してきたとき、日本の家電メーカーは非常に焦り、正面からまともに彼らと競おうとしてしまった。

しかし価格競争では、もはや彼らには勝てるはずはないのだ。

人件費が日本よりも格安だからだ。

たとえば中国は近年、日本を抜いて世界第2位の経済大国になったが、国民の平均年収では、日本のまだ4分の1に過ぎない。つまり日本人の人件費の4分の1で済むのだ。また前述したように中国は技術を持った企業を誘致し、自国の技術を発展させてきた、いわば「先進国のただ乗り」なので研究開発費もあまりかかっていない。

そんな国々と価格競争をして勝てるわけはないのである。

日本の家電メーカーは、中国、東南アジアの家電とは異なる方向（高級志向など）にシフトすべきだったのだ。

これまで日本の家電メーカーは、欧米のメーカーとの価格競争に打ち勝って台頭してきた。高度成長期などでは、欧米に比べて日本の人件費は安かった。それが日本製品の優位につながり、輸出の急増を可能にした。

そのため「価格競争」「大量販売」にこだわりが強く、なかなか切り替えができなかった。

しかし「人件費の安さを武器にした価格競争」というのは、途上国メーカーの戦略である。日本はすでに人件費で勝負ができる国ではないので、先進国型の競争戦略にシフトチェンジしなければならなかったのだ。

日本の製品の性能の良さというのは、世界中の人々が認めているところである。中国や東南アジアの国々でも、日本の家電メーカーに対して強い憧れを持っている。少し以前に小金を儲けた中国人が日本で爆買いしていたのも、「日本製」への憧れからである。

だから日本は、中国などで今後増えてくるはずの中間層以上を対象にした「ちょっと高いけれど、非常に性能が良い」という製品で勝負すべきだったのである。

しかし日本の家電メーカーは、中国などの家電メーカーとまともに戦ってしまった。それが最大の敗因だといえる。

今後、日本の家電メーカーは、かつてのように世界中で大量販売し世界市場のシェアの1位を目指すような生き方ではなく、世界シェアの順位は低くても確実に世界の人々が欲しがるモノをつくっていくべきだろう。

中国の経済発展を支えた日本の援助

何度もいうが、現在、世界を席巻している中国の電機メーカーを育てたのは、実は日本なのである。

中国という国は第二次大戦後の1949年に共産主義政権が誕生し、アメリカをはじめとする西側諸国からは存在を無視され、国交も樹立されていなかった。

1970年代になって、ようやく西側諸国と国交を樹立し、1980年代には改革開放政策を行なって、経済が急成長した。

皮肉なことにこの中国の経済の急成長を助け、中国企業の育成に手を貸したのは日本なのである。

日本はアメリカよりも一足早い、1972年に中国と国交を正常化を果たしている。1972年の日中国交正常化交渉の際、中国側は第二次世界大戦での賠償請求権を放棄した。その代わり、日本は経済援助をするという暗黙の了解があった。この日本の経済援助が中国の近代化に大きく役立ち、改革開放政策を成功させた要因の一つとなったのである。

国交を回復した日本と中国は、すぐに経済面での協力を開始した。

広大な土地を擁し、潤沢な資源が眠る中国には、日本の経済界も強い関心を持っていた。1978年には、上海宝山製鉄所プラントの建設に日本企業が参加することになった。が、当時の中国は経済力がまったくなく、財政規模も小さかった。

中国が改革開放路線を敷いた1978年当時、中国が想定していた主な輸出品は石油、石炭などのエネルギー資源だった。

現在でこそ中国は大量のエネルギー輸入国となっているが、当時はまだエネルギー資源は他国に輸出するほどあったのである。というより、欧米に比べて工業化が遅れていた中国は、エネルギー資源くらいしか売ることができなかったのである。
しかもインフラの不整備により、そのエネルギー資源を売ることもままならなかった。当時の中国はエネルギー資源の開発もまだ緒についたばかりで、輸送する鉄道、港湾施設などの整備もされていなかった。

また1972年の日中国交正常化から1980年までの間で、日中の貿易額は8・5倍に増えたが、その内訳は中国の大幅な貿易赤字だった。中国の日本に対する貿易赤字額は71・57億ドルにも達した。

対日本のみならず、欧米との貿易においても中国は赤字が蓄積していた。1978年から1980年までの3年間で、44・43億ドルの累積赤字となっていた。

改革開放したばかりの中国では、農産物などが主な輸出品であり、付加価値が低かったのである。

中国側も産業の遅れは重々自覚しており、1976年には国民経済発展10か年計画を発動していた。これは10個の大石油基地、10個の大鉄鋼基地、9個の非鉄金属基地などをつくるという計画だった。

しかし、この計画を遂行するには、欧米から莫大な量の技術やプラントを導入しなければならない。が、当時の中国は前述したように、改革開放以来、急激に貿易赤字が膨らんでおり、外貨準備高が激減していた。1979年には8・4億ドルだった外貨準備高は、翌1980年にはマイナス12・96億ドルになっていた。

つまり工業発展のための施設を整えたくても、お金がなくて整えられない状況だったのだ。

それを見かねた日本側が日本政府からの円借款《しゃっかん》、経済技術協力を要請したらどうか、と持ちかけた。

当初、中国側は資本主義国からお金を借りたり、技術支援を受けたりすることに抵抗があり、若干の逡巡《しゅんじゅん》もあった。

それまで中国共産党は、「借金をしない国家財政」を誇りとしていた。欧米の近代国家は、内外からお金を借りて国家運営をしている。そのために財政危機になったり、他国の経済侵攻を招いたりすることもある。中国共産党は、そういう近代国家の弊害である「借金財政」をしない、としてきたのだ。

だから日本からお金を借りるということについては、釈然としない部分もあった。が、時の指導者・鄧小平が決断し、日本に円借款の要請を行なった。

その結果、1979年から日本の円借款、経済技術支援が本格的に始まった。

この年、「石臼所《せききゅうしょ》港建設」「北京～秦皇島間の鉄道拡充」など中国の6つのプロジェクトに500億円の円借款が行なわれた。

これを皮切りに、日本は中国へ多額の支援を行なった。

戦後の中国に対して最大の援助をしてきたのは、日本なのである。

中国の電機メーカーは日本が育てた

中国は改革開放政策として経済特区をつくり、先進技術を持った欧米のメーカーを誘致した、ということは前述した。

この中国の誘致政策に、もっとも大きく反応したのも日本の企業なのである。

90年代以降、日本企業は中国の経済特区に工場を建て、そこで生産されたものを日本に逆輸入するようになった。2003年まで中国にとって最大の貿易相手は、日本だったのである。

この日本企業の工場建設で中国は日本の先進技術を会得し、「美的集団」などの電機メーカーが成長していった。

また日本は西側諸国が中国に強い反発を示した「天安門事件」の際にも、中国と西側諸国をつなぐ役割を果たしている。

天安門事件とは１９８９年、民主化を要求した学生たちが北京の天安門広場を占拠し、それを中国政府が軍を用いて強制排除したものである。事件の詳細は現在も公表されていないが、一説には数千人が犠牲になったという。

中国は西側諸国との国交樹立以来、大量の留学生を西側諸国に送っていた。日本も、このころから相当の人数の中国人留学生を受け入れていた。

欧米や日本の自由な空気を学んできた留学生たちは、どうしても母国を不自由に思ってしまう。また西側諸国と交易をするうちに、嫌でも西側諸国の情報は入ってくるようになり、多くの人々が「中国が非民主的な国」であることを知ってしまった。

その不満が形になって表れたのが、天安門事件だった。

中国当局は最初は静観していたが、学生運動が過激に盛り上がるのを見て、「急激な民主化には応じられない」として、武力鎮圧に踏み切ったのだ。

この天安門事件を受けて、西側諸国は一斉に中国政府に抗議をし、制裁措置を講じた。

しかし、このときも日本の中国に対する抗議、制裁は最小限のものにとどまった。

日本は中国に対し「これ以上、国際非難を浴びるような人権侵害行為をしないこと」「中国の改革開放政策に協力する方針には変わりはない」というメッセージを送り、経済支援規模を若干、縮小しただけだった。

これは中国が国際的に孤立し、また共産主義陣営に戻らないようにという配慮もあったが、日本側の事情もあった。

すでに当時、多くの日本企業が中国に進出し、多額の投資も行なっていた。中国の対外債務の半分以上は日本に対するものだった。ここで中国との経済交流が断絶すれば、日本側のダメージも大きかったのである。

そういうわけで日本は中国の天安門事件のダメージを最小限に食い止め、のちの急成長を後押ししたのだ。

日本が中国に経済援助をし、中国が経済発展をしたということに、筆者は特に批判的な考えを持つものではない。

が、日本企業が安い人件費を目当てに安易に中国に進出したことは、長期的な戦略がなさ過ぎたといえるのではないか。

第4章

トヨタ、タカタもアメリカに嵌められた

トヨタもアメリカに嵌められた

アメリカに「嵌《は》められた」企業は、東芝だけではない。多くの日本企業がアメリカに嵌められ、煮え湯を飲まされているのだ。

かのトヨタもそうである。

ご存知のようにトヨタは販売台数において何度も世界一に輝き、グループ全体の利益が2兆円を超えたこともある、日本最大の製造メーカーである。

日本企業の代表とも言えるこのトヨタもアメリカから嵌められ、大きな痛手を蒙ったことがあるのだ。

トヨタの場合は、東芝よりもさらに悪質度が高いともいえる。

実はトヨタは幾度もアメリカに嵌められているのだが、その最たるものは2009年に発生した**「大量リコール」**だといえる。

事の経緯は次の通りである。

2009年8月、アメリカでトヨタのレクサスESのアクセルがフロアマットに引っかかり暴走し、4人が死亡する事故が起きた。

この事故に対しトヨタは、ユーザーが純正品のマットを使わなかったことが原因だとした。実際、このユーザーは、トヨタの純正品ではないマットを使用していたのだ。つまりマットの規格が合わなかったので、アクセルが引っかかってしまったのだ。

トヨタとしてはリコールになるようなものではないと判断し、ユーザーに純正品のマットを使用するよう注意を喚起した。

日本人の感覚としては、これがごく普通だといえる。

事故で死亡した人には申し訳ないが、車の規格に合わないマットを使っていれば、不具合が生じても仕方ないはずだ。

が、アメリカでの反応は違った。

トヨタのこの対応がアメリカのマスコミ、世論から猛批判を浴びたのだ。

２００９年10月、トヨタはやむを得ず、安全キャンペーンとして修理等を行なうと発表した。これは正式なリコールではなく、トヨタが好意によって行なうという形になっていた。車両の構造には問題がなく、他社製のマットをとりはずせば問題はなかったからだ。

しかし、それでもアメリカ世論の批判は収まらず、むしろ過熱していく一方だった。

２００９年11月、さらにトヨタは、安全キャンペーンとして８車種４２６万台にペダルの無償交換を行うと発表した。

が、アメリカはますますトヨタの批判を強め、アメリカ運輸当局はトヨタにリコールをするよう再三にわたって要請した。

リコールというのは、製造品に欠陥があると認められるときに、メーカーが法的責任を負って修理や交換をするというものである。つまりリコールをするということは、製品に欠陥があったことを認めることになるのだ。

トヨタとしては、どうしてもリコールには応じられなかった。

普通に考えれば、トヨタの考え方は当然だといえる。ほぼユーザーの責任で事故が起きているものであり、製品の欠陥ではない。

しかしアメリカの運輸当局やマスコミは、トヨタのアクセル装置に欠陥があったはずだ、と言い始めたのだ。

2010年1月、ついにトヨタはアメリカ運輸当局の圧力に屈し、8車種230万台のリコールを実施した。しかも、同車種の販売を停止した。

2010年2月には、北米工場が1週間の操業停止をした。そして、豊田章男社長がアメリカの公聴会に呼び出されるという憂き目に遭《あ》った。

さらに2012年12月には、アメリカのトヨタ車オーナーによる集団訴訟でトヨタは11億ドル（約940億円）を支払う和解案に同意した。

リコール問題が拡大するなか、2010年2月24日に豊田章男トヨタ社長はアメリカ合衆国の代議院監視・政府改革委員会の公聴会に呼び出され、散々な目にあった。

これでは、**まるでイジメである。**

なぜトヨタがこのような仕打ちに遭ったのか？

これには、当時のアメリカの自動車業界の事情が大きく関係していると思われるのだ。

ゼネラルモーターズの破綻直後の出来事

この事件が起きた当時、アメリカの自動車業界は、別の重大事件に揺れていた。

2009年6月、アメリカ最大の自動車メーカー、ゼネラルモーターズが経営破綻《はたん》し、アメリカ連邦政府に破産法第11条を申請したのである。

アメリカにとって「自動車」というのは、

国民の誇りともいうべきものだった。アメリカは世界に先駆けて自動車の大量生産に成功し、国民生活に普及させた。自動車というのは、豊かさ、強さの象徴でもあったのだ。その自動車分野でアメリカ最大のメーカーであるゼネラルモーターズが破綻したのである。当然、アメリカ人はプライドを大きく傷つけられた。

その一方、トヨタはアメリカ市場で絶好調だった。

2008年3月決算では、トヨタは北アメリカ市場において過去最高の295万台の売り上げを記録していた。

当然、アメリカ国民としては面白くない。

日本のトヨタがアメリカの自動車市場を席巻し、そのあおりを食った形でアメリカの誇りともいうべき、ゼネラルモーターズは経営破綻したのである。

トヨタのブレーキ事故が起きたのは、その2か月後のことなのだ。

アメリカ運輸省道路交通安全局（NHTSA）の調査では、「急加速は電子スロットル制御装置システムが原因ではない」という事実上の「シロ」の判断が下された。トヨタ車に構造的な欠陥はなかったと、アメリカの最高技術者たちが認めたのだ。

つまり、この事故はユーザー側の使い方に問題があったのである。

巨額の和解金、制裁金を払ったトヨタ

にもかかわらず、トヨタはアメリカに対し、総額約30億ドルもの巨額の和解金、制裁金を払った。

前述したようにトヨタは、この件に関するユーザーの集団訴訟に対し、11億ドルもの巨額の和解金を支払った。

それは、アメリカでトヨタ車が売れなくなるのを恐れてのことである。

リコール問題で揺れている最中は、トヨタ車の売れ行きは芳しくなかった。２００８年３月期には２９５万台も販売していたのに、２０１０年３月期には２０９万台にまで激減したのだ。

アメリカ市場を販売戦略の主戦場としているトヨタは、この状況をどうにかして打開しなければならなかった。

そのため苦渋の選択としてリコールを行い、和解金を支払ったのだ。

さらにトヨタは、アメリカ司法省に12億ドル（当時のレートで約１２００億円）もの制裁金を払っている。

トヨタのアメリカでの大量リコール問題の概要

2009年11月

運転席のフロアマットが正しく固定されていない場合、
アクセルペダルがフロアマットに引っかかり戻らなくなる
不具合で426万台のペダル無償交換を発表

↓

2010年1月

上のペダル無償交換でさらに109万台の追加

アクセルペダルの可動部品が結露等で膨張した場合、
ペダルが戻りきらなくなる不具合で230万台のリコール

↓

2010年2月

凍結した路面などで、一定の条件のとき
ブレーキの利きが瞬間的に悪くなる不具合で43万台のリコール

北米工場での操業停止

豊田章男社長、アメリカの公聴会に呼び出される

↓

2012年12月

アメリカのトヨタ・オーナーの集団訴訟で、
トヨタは和解金11億ドル（当時のレートで約940億円）
の支払いに同意

↓

2014年3月

トヨタはアメリカ司法省に
12億ドル（当時のレートで約1200億円）の制裁金

アメリカ司法省は、この件を刑事事件として捜査を進めていた。おそらく刑事事件として立件するのは難しかったはずだが、この捜査が続く限りトヨタのイメージダウンは免れない。そのためトヨタは制裁金の支払いに応じ、アメリカ司法省はトヨタに日本の執行猶予にあたる訴追延期の合意（ＤＰＡ）をした。

アメリカ司法省に払った12億ドルの制裁金というのは、自動車メーカーとしては過去最大のものだった。

ちなみにこの事件で、大きな漁夫の利を得たアメリカのゼネラルモーターズ社は、アメリカ政府の救済などを受け、Ｖ字回復をなし遂げた。２０１０年にはニューヨーク証券取引所に再上場を果たしている。

戦後最悪の経営破綻「タカタ」

トヨタよりもさらに悲惨な例が自動車のエアバッグ・メーカーのタカタである。

タカタは、アメリカの大量リコール問題で現在、経営危機に陥っており、ニュースでもたびたび取り上げられているのでご存知の方も多いだろう。

タカタという会社は、東芝やトヨタほどの知名度はないが、エアバッグやチャイルドシートで世界シェアの20％程度を占め、自動車安全装置の分野では世界のトップ企業であり、日本を代表する製造輸出企業の一つなのである。

昭和8（1933）年、滋賀県の織物製造工場からスタートし、昭和27（1952）年に当時の最先端の技術だった自動車のシートベルトの研究を始めたことから、自動車の安全装置の分野に乗り出す。

昭和35（1960）年には、日本で初めて2点式シートベルトの製造販売を始める。そのころから日本の自動車製造が量産化されはじめ、それとともにタカタも急成長する。

昭和48（1973）年に行なわれたアメリカ運輸省道路交通安全局の衝突実験では、タカタのみが時速30マイル（実測32・3マイル、52㎞／h）での傷害基準をクリアするなど、高い技術力と安全性を持っていた。

エアバッグの研究にもいち早く着手し、昭和58（1983）年には、エアバッグ普及のフリートテストとして、アメリカのハイウェイパトロールカー800台に納入している。

1980年代後半にはアメリカなど世界中に工場や拠点を持つ、一大グローバル企業に成長する。

2017年現在では、売上高は約7000億円、従業員は全世界で5万人以上である。

このタカタは2017年6月現在、約1兆7000億円の負債を抱え、経営破綻に陥っている。負債総額1兆7000億円というのは、戦後最悪である。負債額だけで見るならば、東芝よりも大きな「事件」なのである。

そして、この負債総額のほぼ100%は、アメリカでのリコール処理から来ているのだ。経営状況は良好だったにもかかわらず、アメリカでの大量リコールによって倒産同然の状況に追い込まれたのだ。

タカタのエアバッグ問題の不可解さ

このタカタの大量リコール問題も、実は不可解な点だらけなのである。

この問題の経緯は次の通りである。

2013年4月に、タカタが取引先の各自動車メーカーにエアバッグの不具合を通知した。ガス発生剤の加圧力不足と高湿度により、作動時に金属片が飛び散る恐れがある、という内容だった。

これは、製造段階でのミスということだった。これを受けてタカタのエアバッグを使用している各自動車メーカーはリコールを届け出た。

つまり、この段階ではタカタが製造ミスに気付き、自発的にリコールを行なったのである。

が、このタカタの自発的なリコール以降、不可解なことにアメリカでタカタのエアバッグが暴発して死者が出る事故が頻発するようになったのである。

しかし、これらの事故の大半は、交通事故時のものだった。だから、自動車の衝突が原因なのか、エアバッグの暴発が原因かは、なかなか判別ができない。事故の原因が明確にエアバッグの欠陥によるものと判明したケースは、ほとんどないのだ。

ちなみに日本では、タカタ製のエアバッグ暴発による死亡事故は発生していない（怪我を負った事故は、現在のところ2件発生している）。日本では、アメリカよりもはるかに多くのタカタ製エアバッグ車が走っているというのに、である。

タカタのエアバッグは、アメリカの運輸当局が求める性能基準は満たしており、アメリカの運輸当局も、これを覆す証拠は見つけていない。

にもかかわらず、アメリカ運輸省道路交通安全局は２０１４年6月以降、タカタに対し、全米でのリコールに応じるよう求めた。

しかし、タカタは「欠陥が科学的に立証されておらず、暴発事故も高温多湿地域に限られる」として、これを拒否してきた。

アメリカでの事故車の多くがかなり古い車であり、しかも高温多湿地域が多かった。なので、暴発事故の原因を「経年劣化」だと判断したのである。

現在、エアバッグには使用年数などの規定がない。だから、古くなったものをチェックしたり交換したりする制度が、どこの国もないのだ。

タカタのエアバッグ暴発事故は、この経年劣化が大きな要因と考えられている。

そもそも製造段階では、アメリカや世界各国の安全基準はクリアしていたのである。

にもかかわらずアメリカ運輸省道路交通安全局はタカタに対し、執拗《しつよう》にリコールを要求し、しかも対象となる車種は雪だるま式に膨らんでいった。

アメリカ車はタカタ製をほとんど使っていなかった

実はこの問題にも、重要な「背景」があるのだ。

タカタは世界の3大エアバッグ・メーカーの一つだが、同社の製品を採用しているのは、日本車とドイツなどのヨーロッパ車がほとんどである。アメリカ車は、フォードのごく一部の車種だけがタカタ製を使用しているだけである。

このリコール問題は、タカタを使用している各自動車メーカーにも波及する。自動車メーカーは、自動車の全性能に責任を持たなくてはならず、エアバッグに欠陥があった場合、それは自動車メーカーの責任ということになるのだ。

だからタカタ問題が大きくなればなるほど、日本車メーカーやドイツ車メーカーはダメージを受ける。アメリカ車はほとんどダメージを受けず、漁夫の利を得ることができる。

そういう状況があったのだ。


この問題が巨大化、長期化するに従い、各自動車メーカーは、タカタ離れを検討するようになった。同社は問題解決のために、ついに2015年5月、全米3400万台のリコールに踏み切る。

そして2015年11月には、アメリカ運輸省道路交通安全局とタカタは、同意指令に合意した。同意指令の内容は、「エアバッグを爆発させる火薬に、今後、硝酸アンモニウムは使用しない」というものだった。

硝酸アンモニウムは湿気に弱く、経年劣化による暴発が起きやすいという指摘がされていた。エアバッグの大手の中では、唯一タカタだけが使用している。この硝酸アンモニウムを今後は使用しない、ということにしたのだ。つまりアメリカ運輸省としては原因を硝酸アンモニウムということにし、その製品に欠陥があったという形に持っていったのだ。

タカタは「欠陥認定はしない」としつつ、あまりに長引くリコール問題の打開策として、

タカタのアメリカでの大量リコール問題の経緯

2013年4月

タカタが取引先の各自動車メーカーにエアバッグの不具合を通知し、
各メーカーはリコールを届け出る。ガス発生剤の加圧力不足と高湿度により、
エアバッグ作動時に金属片が飛び散る恐れがある、という内容

2013年6月

同じ原因によるリコールが追加された。
これを受けて、アメリカ運輸省道路交通安全局（NHTSA）は、
各自動車メーカーに自主回収調査を要請

2013年～2014年

アメリカでエアバッグの暴発によるものとされる事故が頻発

2014年6月以降

アメリカ運輸省道路交通安全局（NHTSA）は、
タカタに2014年6月以降、全米でのリコールに応じるよう再三、求める

2015年5月

タカタは全米3400万台のリコールに踏み切る

2015年11月

アメリカ運輸省は、タカタに対し「何年にもわたって欠陥を認めるのを拒み、
情報を提供しかった」とし、最大2億ドルの制裁金を科すと発表

2015年11月

アメリカ運輸省道路交通安全局とタカタは、同意指令に合意した。
同意指令の内容は、「エアバッグを爆発させる火薬に、今後、
硝酸アンモニウムは使用しない」というもの。硝酸アンモニウムは、湿気に弱く、
経年劣化による暴発が起きやすいという指摘がされていた。
エアバッグの大手の中では、唯一タカタだけが使用している

2016年6月

事実上の経営破綻。負債総額は約1兆7000億円

この同意指令に合意した。

現在、タカタは1兆円にも上るとみられるリコール費用のために経営破綻に陥り、アメリカでは破産法の申請も検討しているとされている（2017年6月現在）。またアメリカの投資ファンドに買収されるのではないか、という話もある。

いずれにしろ、もはやタカタは自力での再建は無理となってしまった。

なぜアメリカは日本車を目の敵にするのか？

それにしても、なぜアメリカはトヨタやタカタに対して、このような横暴な態度を取るのか？

その最大の要因は、**「日本の自動車メーカーがアメリカ市場に頼り切っているからだ」**といえる。

次ページの表を見てほしい。

トヨタの売上は日本市場が約8799億円に対し、北米市場は約1兆33億円なのである。

つまりトヨタは、日本国内よりも北米で多くの売上をあげているのだ。北米は、トヨタにとって最大のお得意様なのである。

2017年3月期のトヨタの地域別売上高

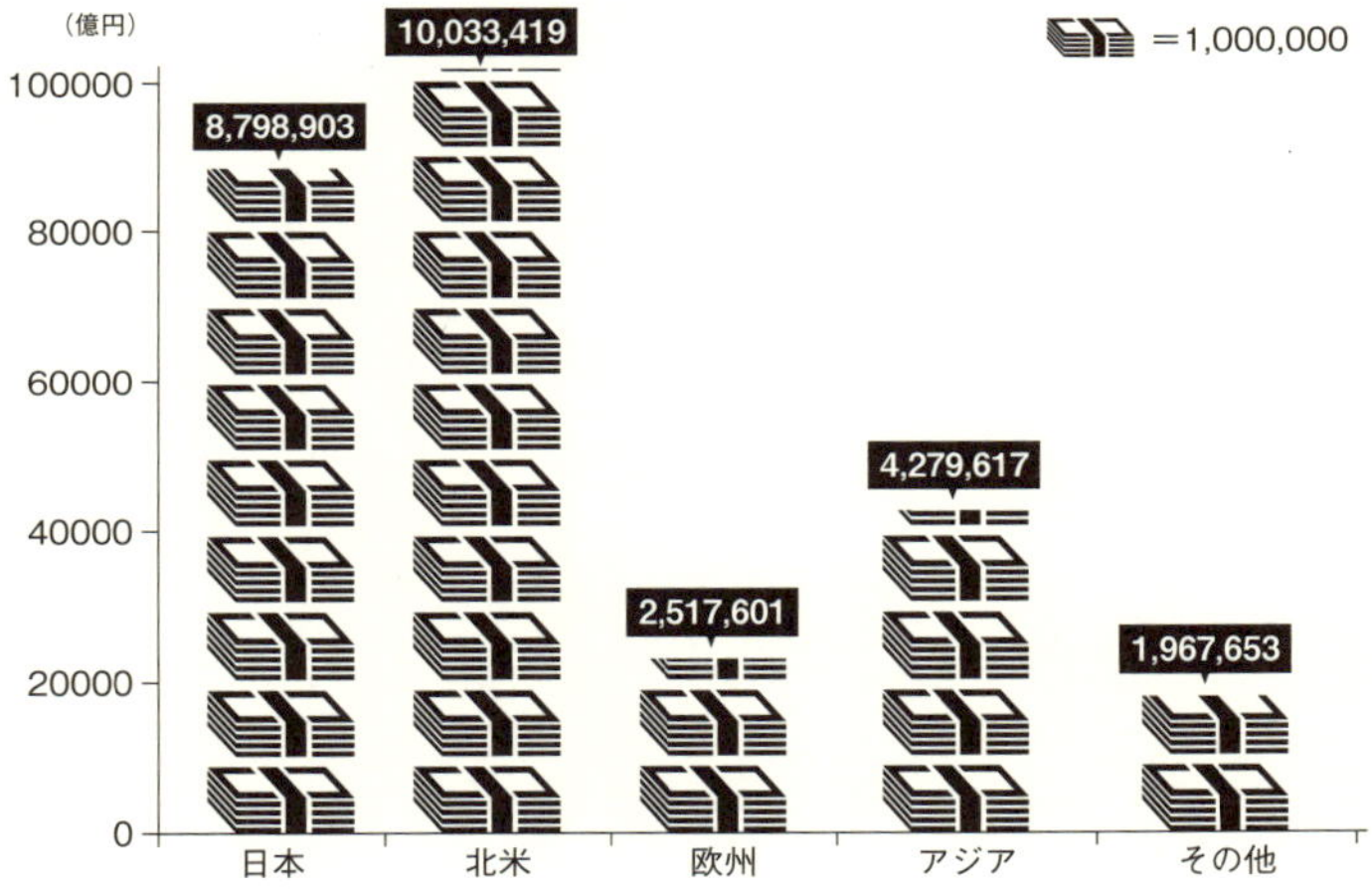

トヨタ決算報告より

トヨタと同様に、ホンダもまた北米が世界最大のお得意様なのだ。

トヨタもホンダも、アメリカ市場なしでは成り立っていかないとさえ言えるだろう。

これは、アメリカにとっては腹立たしいことに違いない。

もちろん、アメリカ市場で日本車が売れているのは、日本車が性能と価格の面において、アメリカ車よりも優れているからである。アメリカ人が日本車を選んでいるわけなので、建前の上では、恨まれる筋合いはない。

が、国同士の感情というのは、なかなかそういう建前の話だけでは収まらない。

アメリカにとって自国の自動車市場を荒らされるというのは、国家的な屈辱でもあるのだ。

そもそもアメリカは、世界一の自動車大国だったのである。自動車の製造台数、輸出台数ともに世界断トツのナンバーワンという時代がかなり続いた。

そういう自動車大国アメリカにとって、国内で日本車が売れまくるというのは、不愉快でないはずがない。

だからことあるごとに、日本車のメーカーに嫌がらせをしてきたのだ。

そして日本の自動車メーカーは、アメリカが無茶なことを言ってきても、従わざるを得ない。アメリカにそっぽを向かれたら立ち行かなくなるからだ。

実は日本も決してフェアではなかった

ここまで、アメリカが日本車に対して、無理難題を押し付けてきた経緯を説明してきた。

読者の中には、**「アメリカというのは何とひどい国だ」**と憤慨された方も多いだろう。

が、実は日米の自動車貿易というのは、単に「日本車の性能が勝ってアメリカ市場を席巻した」というだけではない、浅からぬ因縁がある。

戦前にまでさかのぼってその経緯を見たとき、単純に「日本が被害者だ」とは片づけられなくなるのだ。

現在でこそ日本車は国際的に強い競争力を持ち、アメリカからも強い恨みを買っている。が、以前は、まったくその逆だったのだ。

戦後の一時期まで日本車の性能はアメリカ車に大きく後れを取り、日本は非常に強引な手法でアメリカ車を締め出したこともあったのだ。

その経緯を簡単に説明しよう。

戦前の日本は、実はアメリカ車だらけだった。当時のアメリカ車は日本車よりもはるかに性能がよく、しかも安価だったのである。

明治維新で近代化を推し進めるようになってまだ日が浅い日本は、アメリカに比べれば自動車製造業の発展はかなり遅れていた。

日本も、自動車製造に比較的早くから着手していた。

明治37（1904）年に山羽虎夫という発明家が蒸気自動車を、明治40年には内山駒之助という発明家がガソリン車をつくっている。

フォードがT型フォードを開発した2年後の明治43（1910）年には、日本陸軍が大阪砲兵工廠《こうしょう》で自動車の試作を開始した。そして翌明治44（1911）年には2台のトラックが完成している。これは「甲型自動貨車」と名付けられ、シベリア出兵の際には23台が派遣されているのだ。

また当時すでにトヨタ、日産なども自動車の製造に取りかかっていた。が、それから間もなくアメリカ車が日本に進出してきた。

大正14（1925）年、アメリカのフォードが現地法人の日本フォード社をつくり、日本で製造販売を開始したのだ。また昭和2（1927）年には、GM社も同様に日本上陸を果たした。

両社は、ノックダウン方式による大量生産を開始、そのため日本の自動車市場はほとんどこの2社で占められることになった。

このアメリカ車の日本進出により、日本で育ち始めた自動車メーカーは壊滅的な打撃を受けてしまった。

昭和5（1930）年から昭和10（1935）年まで、日本の自動車メーカーの普通乗用車の生産台数はゼロであり、トラックや小型乗用車を細々とつくっていたにすぎなかった。

これを見た日本政府は陸軍の強い意向もあり、昭和11（1936）年に自動車製造事業法という法律をつくった。自動車は軍事力に直結する分野だったので、仮想敵国であるアメリカのメーカーに依存してはならないということだったのだ。

この自動車製造事業法は「国の許可を受けた事業者しか自動車を製造販売してはならない」という法律である。そして許可を受けられる条件に「日本国に籍のある会社」という項目があった。

つまり、この法律は「国内の自動車会社しか日本で製造販売をできない」というものだった。

事実上のアメリカ車の禁止ともいえ、現在の関税政策などよりも、はるかに強力な締め出し政策であった。

この法律では、さすがにアメリカ車の禁止とまでは謳《うた》えず、アメリカの自動車会社にも一定の配慮はあった。既存の外国企業には、製造の継続は認められたのである。が、工場の拡張などは認められなかった。

フォードやＧＭは日本での先行きに不安を覚え、相次いで撤退した。日本は、フォードやＧＭの工場を買い取った。

戦前の日米自動車戦争は現代とは逆で、日本がアメリカからの輸入をシャットアウトしたのだ。

当時、アメリカにとって自動車は基幹産業の一つだった。

その産業が日本政府によって大きな制約を受け、事実上、日本で製造販売ができなくなったのである。

当然のことながら、日米関係の悪化を招いた。太平洋戦争直前の日米関係の悪化は、このことも要因の一つなのである。

日本車は稼ぎ頭か？

自動車というと、現在の日本の貿易において「稼ぎ頭」とされている分野である。

この自動車の主な輸出先はアメリカである。

日本車が本格的にアメリカ市場を席巻するのは、1970年代以降である。

前述したように戦前の日本車は、アメリカ車に歯が立たなかった。戦後もしばらく日本車はアメリカ車の敵ではなかった。

が、1970年代になると、その流れが大きく変わることになる。

アメリカの自動車市場はそれまで大型車、高級車志向だったが、オイル・ショックなどの影響で、小型の低価格車を求めるようになったのだ。

アメリカの自動車メーカーは、小型車の分野が非常に弱かった。それまでアメリカの自

日本車のアメリカ輸出台数

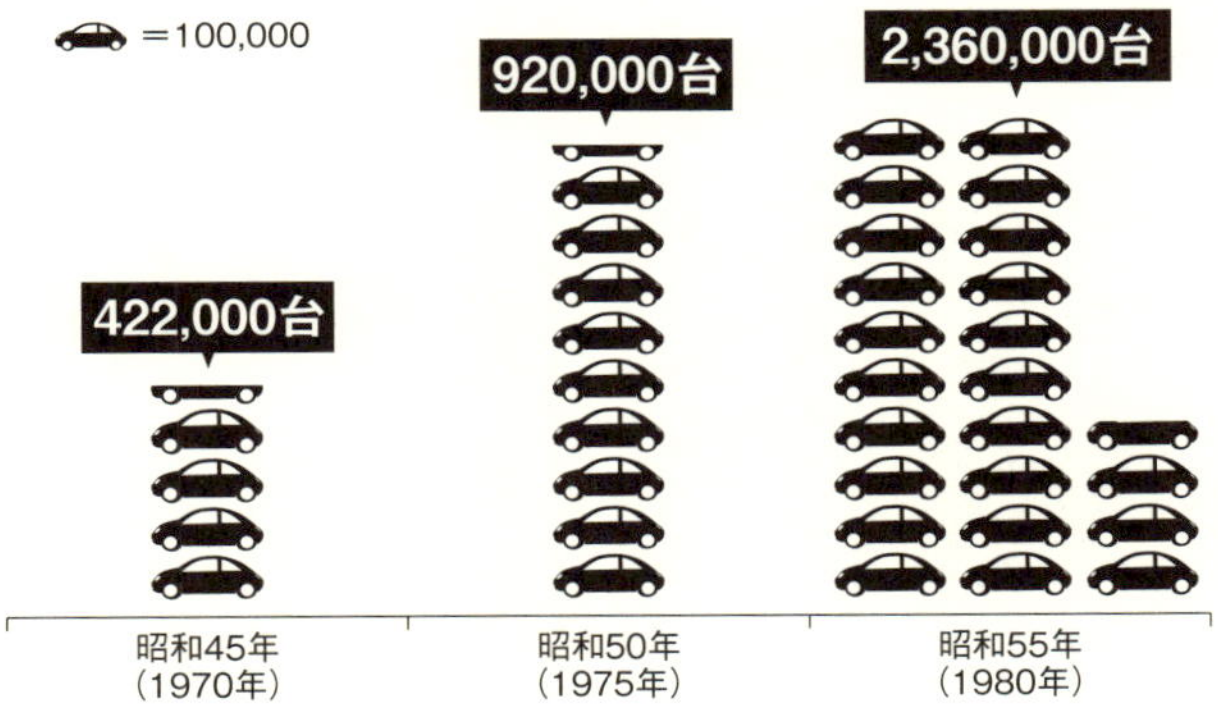

動車市場は大型車が主流であり、またメーカーとしても大型車のほうが利益率がいいので、小型車の開発が遅れていたのである。

アメリカではガソリンが水のように安かったが、１９７２年のオイル・ショック以降、ガソリンの価格が大幅に値上がりした。

そのため、アメリカでも燃費のいい小型車が求められるようになった。

小型車は、日本の自動車メーカーの超得意分野だった。

戦後の日本は国民の経済力があまりなかったので、低価格で燃費のいい小型車が自動車の売れ筋だった。

そのため小型車の分野では、アメリカの自動車メーカーよりもはるかに進んでいたのだ。

このオイル・ショック以降、日本車のアメリカ輸出が激増する。

前ページの表のように、昭和45（1970）年の段階では42万台だったものが、10年後の昭和55（1980）年には236万台になっている。10年間で5倍である。

もちろん、これはアメリカの自動車メーカーに大きな打撃となった。アメリカ自動車メーカーは軒並み巨額の赤字を記録し、1980年代半ばには、自動車業界全体で40％の失業者を出すことになってしまった。

以降、日米の自動車摩擦が本格化していくことになる。

アメリカの驕《おご》り

この日本車の大輸出攻勢に対し、アメリカの自動車メーカーは、「技術力による負け」を認めたくなかった。

それはアメリカの議員たちも、同様だった。

そのためアメリカ議会は、「日本の自動車市場は閉鎖的である」として猛烈に批判するようになっていった。

「日本市場が閉鎖的なために、アメリカ車は日本で売れないのだ」

「にもかかわらず、日本はアメリカで車を売り続けるので、日米の自動車貿易で深刻な不均衡が起きている」

アメリカはそう主張したのである。

アメリカの高官や財界人たちは、こぞって日本に対してなぜアメリカ車を買わないのだ、と責めたてた。

が、アメリカ車は車体が大きく燃費が悪い上に左ハンドルである。日本ではそんな不便な車は、アメ車マニア以外は誰も欲しがらない。だから、アメリカの主張は**「言いがかり」**に近いものがあった。

しかしアメリカは、日本車の輸入規制をちらつかせるなど、強硬な姿勢を見せた。

そのため日本は輸出の自主規制を行ない、日本の自動車メーカーが工場の一部をアメリカに移し、アメリカでの現地生産に乗り出したのだ。

1980年には、日本自動車工業会が下半期のアメリカ販売台数を上半期の10％減とすると発表した。

また1974年に、トヨタはアメリカの自動車部品メーカーのアトラス社を買収し、現地での部品生産を開始している。1980年には日産がアメリカでの小型トラック工場の建設を始めた。

1984年にはトヨタがカローラなどの生産をめざし、アメリカのゼネラルモーターズと合弁会社を設立する。1986年にはトヨタがケンタッキー州ジョージタウンで、カローラFXなどをつくる工場の建設に着手した。

その結果、日系自動車メーカーのアメリカでの現地生産台数は1985年から2014年までの間に約13倍となった。

現在、トヨタはアメリカで毎年150万台前後を現地生産している。トヨタのアメリカでの販売台数は250万台前後なので、6割程度を現地生産していることになる。

ホンダにいたっては、アメリカの販売台数の9割前後をアメリカで現地生産している。ホンダ・グループ全体のアメリカでの販売台数は日本国内の販売台数の2倍である。しかも、その9割をアメリカで生産しているのだから、ホンダはもはやアメリカの自動車メーカーと言ってもいいほどである。

これにより日米の自動車貿易摩擦は、いったんは解消した。

しかし、それでも自動車部門においてアメリカの日本からの貿易赤字は非常に大きいものがあるため、たびたび日本はアメリカから難癖をつけられている。

トランプ大統領はなぜ日本車を批判したのか？

トランプ大統領は大統領就任直後のホワイトハウスでの財界首脳との会合で、日本の自動車に対して強烈な批判をした。

「日本は見たこともないような巨大な船に車を満載して、アメリカに売りつけるが、日本は高い関税をかけてアメリカの車を買おうとしない」

というのである。

２０１６年にトヨタ車はアメリカで２５０万台売れているのに対し、アメリカのフォードが日本で販売したのは、わずか２０００台である。ほぼ**「100対0」**の差があると言っていい。

しかも、フォードは16年末に日本から撤退している。

これを見れば、トランプ大統領が文句を言いたくなる気持ちもわからないではない。

が、日本では現在、アメリカ車に対する関税などはないし、環境基準も日本車とアメリカ車は同じである。

日本車がアメリカで売れているのには、それなりの理由があり、アメリカ車が日本で売れないのも、それなりの理由があるのだ。

そして日本の自動車メーカーはアメリカの要望を聞いて、アメリカで販売する車の過半以上をアメリカで現地生産している。これは自由貿易のルールに反しているとも言えるものである。

だから、トランプ大統領の批判は的外れともいえる。

しかしトランプ大統領が苛立《いらだ》つのにも、それなりの理由があるのだ。

潜在的「日米貿易摩擦」とは？

「日米貿易摩擦」

というと、日本人の大半はすでに過去のことだと思っているフシがある。

日米貿易摩擦というのは、80年代に日本が大幅な貿易黒字を記録しているときのことであり、現在はそういう状況にはないと多くの日本人は思っている。

が、それは大きな間違いである。

実は日米貿易摩擦というのは、80年代からほとんど状況は変わっていないのだ。というより、見方によっては悪化しているとさえ言える。

１９８０年代、アメリカの対日貿易赤字がもっとも大きかった年は１９８７年である。この年、アメリカの対日貿易赤字は約５７０億ドルだった。

しかし２０１６年のアメリカの対日貿易赤字は、約６８９億ドル（日本円で約７兆７０００億円）である。

つまり１９８７年と現在とでは、アメリカの対日貿易赤字はまったく減っていない、むしろ増えているのだ。もちろん、１９８７年と現在とではＧＤＰの規模が違うので、直接の比較はできない。

しかし、アメリカの対日貿易赤字の規模が今も相当に大きいことは間違いないのである。

昨今なぜ日米貿易摩擦があまり言われなくなっていたのか、というと中国の存在が大きいからである。アメリカにとって貿易赤字の最大の相手国が日本から中国に代わったので、日本に対する風当たりが減っただけのことなのである。

そして、さらにアメリカの対日貿易赤字の内訳を見れば、アメリカが血眼になって日本車叩きをする背景が見えてくる。２０１６年は自動車関連の赤字が５２６億ドル（日本円で約5兆９０００億円）もあるのだ。

つまり、アメリカの対日貿易赤字の8割近くが自動車関連なのである。

前述したように日本の自動車メーカーは80年代以降、アメリカに自動車工場を相次いで建設し、現地生産の台数を大きく増やした。それでも日本車のアメリカ輸出の総額は、大して抑えられなかったのである。

たった一国のたった一つの産業から約6兆円もの貿易赤字を生じさせられているということは、やはりアメリカにとって腹立たしいことであるには違いない。

しかも、それがかつてアメリカがもっとも得意としていた自動車なのだから、なおさらである。

トヨタやタカタが無茶な大規模リコールを命じられたのも、アメリカのこういう国情が大きく影響しているのである。

第5章

〝貿易黒字至上主義〟の誤算

企業のグローバル化は国を衰退させる

ここまで読んでこられた方の中には、

「企業のグローバル化がこんなにリスクが大きいのであれば、これから日本企業は立ち行かないではないか」

と思った人もいるだろう。

日本人のビジネスマンの多くは、

「日本のような資源の乏しい国が厳しい国際競争を勝ち抜いていくためには、海外展開が不可欠」

と思っている。だからグローバル化にはリスクが多々あるということであれば、今後の日本の経済はどうなるのか、と不安を抱く人も多いと思われる。

しかし大所高所からこの問題を分析してみると、「日本が抱くべき懸念はそこではない」ということがいえる。

まず考えていただきたいのは、

「そもそも企業のグローバル化は、国に益をもたらしているのか？」

ということである。

「海外進出」

というと聞こえはいいが、何度か触れたように「日本の工場や技術を海外に移転する」ということである。

日本の工場が移転されるとなると、日本の工場で働いていた労働者は職を失うことになる。また日本国内で部品などをつくっていた下請け企業も、仕事が減ることになる。当然のことながら、それは日本経済に大きな悪影響を及ぼすのだ。

「日本企業が海外進出しても企業の収益が増えるのであれば、結果的に日本に利益をもたらす」

と述べる経済評論家などもいる。

が、これは経済の現場をまったく知らない人の意見である。

仮に日本国内で、90億円の経費をかけて１００億円の売上をあげ、10億円の収益を得ている日本企業があるとする。

この企業が海外に工場を移転して経費を削減し、20億円の収益を得たとしよう。この企業は海外進出をすることで10億円の増収となっている。その分の利益を日本にもたらしているように見える。

しかし、実際はまったく違う。

その企業は、日本で活動しているときには10億円の収益しか得られていなかったにしても、その10億円の収益を得るためには、90億円の経費を投じているわけである。その経費はすべて日本国内に落ちるわけだ。

それは多くの雇用を生むことになるし、国内の下請け企業などの収益にもなる。

言ってみれば、この企業は10億円の収益と合わせて１００億円の経済効果を生んでいたのである。

しかし、これが海外に進出してしまえば、国内で使っていた90億円の経費がなくなることになる。工場で働いていた人たちは解雇されてしまうし、国内の工場がなくなれば管理業務も大幅に減るので本社の正社員も減ることになる。工場に資材や部品を納入していた下請け業者たちも仕事がなくなる。誰も得をしない、悪いことずくめである。

その対価として日本にもたらされるお金は20億円だけである。この企業は20億円の経済効果しか生まないのである。

つまり国内に工場があったときには、日本に１００億円の経済効果をもたらしていた企業が工場を海外移転することによって、20億円の経済効果しかもたらさなくなったということだ。

こういう事態は近年、日本中のあちこちで生じているのだ。

しかも工場を海外に移転すれば、日本の技術力が無償で海外に移転されてしまうことになる。

つまりは日本企業はグローバル化により、人件費や製造費用の莫大な金を外国に流出させ、技術力も無償で提供することになるのだ。

人件費削減などで、企業収益は一時的に上がるだろうが、ちょっと長い目で見れば、自分で自分の首を絞めているようなものである。そして現在、東芝などの家電メーカーたちはその報いが来て、首を絞められている状況なのである。

企業の海外移転で得をするのは株主だけ

このように企業の海外移転は、日本国内にまったく益をもたらさないのだが、なぜ企業は海外移転を進めてきたのか？

いくら国際競争力を維持するためとはいえ、社員や国にも益をもたらさないのであれば、何の意味も持たないはずだ。

にもかかわらず、企業が海外移転を推し進めるのは、**「株主」**のためである。

先ほど「工場の海外移転は誰も得をしない」と述べたが、実は株主だけは得をするのだ。企業が海外移転をし、収益を増やせば、株主だけは得をすることになる。だから企業は、まったく国や社員のためにはならないとわかっていながら、海外移転を進めてきたのだ。

「企業は株主のためにあるのだから、それは仕方がないのではないか」

と言う人もいる。

が、これは形式上の話に過ぎない。

確かに建前の上では会社の所有者は株主であり、会社は株主が儲かることをするべき、ということになっている。

しかし、会社が存続し発展してきたのは、国や地域がインフラを整え、優秀な人材を育ててきたからである。だから、「会社の所有者は株主なんだから、株主のためなら会社は何をしてもいい」というのは、許されるものではない。これは日本よりも、むしろ資本主義発祥の地である欧米で重きを置かれている考え方である。

欧米の企業は日本の企業のように、国内の工場を簡単に海外に移転することは少ない。工場労働者や下請け企業などとの折衝を行ない、なるべく皆がダメージを受けないような方策がとられる。

資本主義の歴史が長い欧米では、資本主義の矛盾についてもよく知っている。そのため、労働者の権利などを守るシステムは日本よりもはるかに整っており、日本のように安易に工場の閉鎖や移転はできないようになっているのだ。

日本ではそういった配慮はされず、ただただ**「株主のため」**という建前論を振りかざし、工場の大量海外移転などを進めてきたのだ。

株主と従業員を同じように大事にするフォルクス・ワーゲン

欧米の企業が株主だけを向いているわけではないという例として、欧州の代表的な自動車製造メーカーであるフォルクス・ワーゲンを見てみたい。

フォルクス・ワーゲンは、伝統的に従業員を非常に大事にする企業である。

そもそもドイツの法律では、大企業の経営を監査する「監査役会」の人員の半分は労働者代表が占めることになっている。

そのため、安易な人員削減はできない。実際、フォルクス・ワーゲンのドイツ国内の工場は、閉鎖されたことがないし縮小もあまりない。

自動車業界は国際競争の激しい分野であり、どこの国のメーカーも人件費を削減して、コストを抑えたい。当然、フォルクス・ワーゲンにも、そういう欲求がある。

が、フォルクス・ワーゲンは、決して安易に人員削減することはない。1990年代のドイツ自動車業界の大不況のときも人員削減をせず、「労働時間を短縮することで賃金を削減すること」に労使が合意した。

期間工1万人を簡単に切ったり、大規模な派遣切りをして世間の批判を浴びたトヨタとは、まったく企業体質が違うのである。

またフォルクス・ワーゲンは、ドイツ国内だけじゃなくEU内での雇用にも配慮している。

たとえば2006年のヨーロッパ経済不況のとき、ドイツ国内の雇用を守るため、ベルギー工場の閉鎖を検討していた。しかしフォルクス・ワーゲン本社の労働組合の働きかけにより、ベルギー工場の閉鎖は免れた。

またオープンカーの生産拠点であるポルトガル工場では、季節によって需要の変動があったため、過剰人員を抱えていた。しかしフォルクス・ワーゲンは、過剰人員を削減することはせず、ポルトガル工場で別車種の生産を行なったり、同工場の従業員200人をドイツ国内に研修として呼び寄せたりした。

ドイツはＥＵのリーダーであり、フォルクス・ワーゲンもリーダー国の企業としての責任を果たしているということである。

フォルクス・ワーゲンも近年の国際化の潮流により、世界中に生産拠点をつくっている。が、先ほども言ったように国内の工場は決して閉鎖しないし、今でも生産の約50％はＥＵ内で行なっている。ドイツ国内やＥＵでの雇用はしっかり守ろうということである。

フォルクス・ワーゲンは、ドイツ国内やＥＵ内の従業員のことを手厚く保護した上で、トヨタやホンダなどとし烈な販売競争を行なっているのである。

日本の電機メーカーが軒並み中国、韓国の電機メーカーに呑み込まれていく中で、欧米の電機メーカーは健在であることを前述した。これも、企業姿勢に要因の一つがあると思われる。

欧米のメーカーも、海外にたくさんの工場をつくっているが、国内の工場も非常に大事にする。そして製品の重要な部分は、国内の工場でつくることが多い。そのため技術の流出が避けられ、中国メーカーや韓国メーカーの模倣を防いでいる面があるのだ。

なぜ日本は「貿易黒字」「経常収支黒字」にこだわるのか?

日本の企業が安易にグローバル化を進めてきた理由として、国の政策も大きく関係している。

日本の政府は戦後一貫して、輸出を増進するような経済政策を行なってきた。輸出企業には税制上の優遇策を行なったり、補助金を投入したりしてきた。

そして近年、中国企業などの台頭で輸出が厳しくなると、日本企業の海外移転を後押し し、「経常収支」の黒字を目指すようになった。経常収支というのは輸出入だけじゃなく、配当などの資本の取引を含めた、すべての海外取引の収支のことである。

貿易で黒字が出せなくても経常収支で黒字が出せれば、国の対外収支は黒字ということになる。

政府は、これに非常にこだわったのだ。

なぜ政府は、これほど「貿易黒字」や「経常収支の黒字」にこだわるのか?

日本人の多くは、「日本は輸出でもっている国」と思っている。だから輸出が減れば、国が危うくなるような意識を持っている。

日本経済は戦後長い間、貿易収支や経常収支を黒字にすることを最大の目標としてきた。「たくさん輸出をして、たくさん外貨を獲得すれば、国は豊かになれる」という発想である。

確かに高度成長期までは、この方針は日本経済にぴったり合っていた。

戦後の日本は非常に貧しく、インフラも整っていなかった。逆に言えば、「伸びしろ」が非常に大きかったのだ。

そんな中で輸出を増やし、外貨を獲得するというのは、国を豊かにするもっとも手っ取り早い手段だった。

日本は早くから教育制度を整えていたため、優秀な人材が多く、潜在的な産業力は大きかった。しかも欧米に比べて、人件費は著しく安い。

そのため戦後の復興が一段落すると、日本の製品は強い競争力により、欧米市場を席巻することになった。

当時アジア諸国の多くはまだ独立したばかりで国内は混乱しており、産業の点では、日本に遠く及ばなかった。

欧米並みの技術力を持ちながら、アジア並みの人件費で済む日本は、世界市場で圧倒的な強さを持つことになったのだ。

高度成長期からバブル期にかけての日本の繁栄は、そういう好条件のもとで成し遂げられたものなのである。

高度成長期の日本は、本当に美味しい思いをしていた。

年に10％近い経済成長を記録し、国民は10年足らずで所得が倍増し、生活は急速に豊かになった。毎年、毎年、予想をはるかに上回る税収が国庫に流れ込んできた。政府が税収の使い道に困るほどであり、今のように「財政赤字に苦しむ」などというのは、まったく想像できないものだったのだ。

政府や財界はまだ「高度成長期の再来」を夢見ている

そのため日本の政府や財界は、まだ**「高度成長期の再来」**を夢見ている。

「高度成長期のような爆発的な経済成長が起きれば、財政問題や経済問題はすべて解決する」

と考えているのだ。

確かに毎年10％近い経済成長をもし起こすことができれば、今の財政問題、経済問題のほとんどは解決するだろう。

しかし冷静に考えれば、これは絶対に無理な話なのだ。

「現在」と「高度経済成長期」とでは、世界経済の情勢はまったく違う。

高度経済成長期当時は、まだ世界全体で開発が進んでおらず、東南アジアなどはいまよりはるかに遅れていた。アジアの中で工業製品を輸出できる国というのは、日本くらいしかなかったのである。だからこそ日本は爆発的な勢いで、経済成長することができたのだ。

また当時の日本は社会インフラも整っておらず、儲かったお金をインフラ投資することで、さらに経済成長するという好循環があった。

しかし現在の状況は、当時とはまったく違うのである。

今の日本は、もう産業設備も社会インフラも相当に整っている。だから、それほどインフラ投資をする余地はないし、無理に大掛かりなインフラ投資をしても経済成長には結びつかない。

またアジアや世界中の地域が発展し、競争相手も激増している。東南アジア、中国の成長は著しく、日本製品は価格競争ですでに太刀打ちできない。

そんな中で日本がかつてのように輸出を急増させたり、爆発的な成長をするのは絶対に不可能なのである。

にもかかわらず、政府は輸出の増進を推奨し、輸出企業を優遇する経済政策を行なってきた。

たとえば、消費税という税金は輸出企業にとって非常に有利な税金なのである。近年、日本では、税収の柱を消費税に置きつつある。

それは、**輸出企業を優遇していることの裏返し**でもあるのだ。

消費税には、「戻し税」という制度がある。この戻し税の制度により、輸出企業は「納める消費税」よりも、「還付される消費税」のほうが多くなるという現象が起きているのだ。ありていに言えば、「消費税で儲かっている」のだ。

なぜこのような不思議な制度があるのか、簡単に説明したい。

消費税というのは、「国内で消費されるものだけにかかる」という建前がある。だから輸出されるものには、消費税はかからない。

ところが輸出されるものというのは、国内で製造する段階で材料費などで消費税を支払っている。そのため「輸出されるときに、支払った消費税を還付する」のである。

それが、戻し税という制度なのである。

消費税の建前上の仕組みからいえば、この戻し税というのは、わからないことでもない。輸出企業は製造段階で消費税を払っているのに、売上のときには客から消費税をもらえないので自腹を切ることになる。

それは不公平だ、ということである。

しかし現実的には、この制度は決して公平ではない。

というより、この戻し税は事実上、**「輸出企業への補助金」**となっているのだ。というのも大手の輸出企業は、製造段階できちんと消費税を払っていないことが多いからである。

メーカーに製品を納入する下請け企業などは、価格に消費税をなかなか転嫁できない。製造部品などの価格は、下請け企業が勝手に決められるものではなく、発注元と受注企業が相談して決めるものである。となると、力の強い発注元の意見が通ることになり、必然的に消費税の上乗せというのは難しくなる。

トヨタ、東芝などの巨大な輸出企業となると、なおさらである。

となると、大手メーカーの輸出企業などは製造段階で消費税を払っていないにもかかわらず、戻し税だけをもらえるということになるのである。

輸出企業の消費税の戻し税

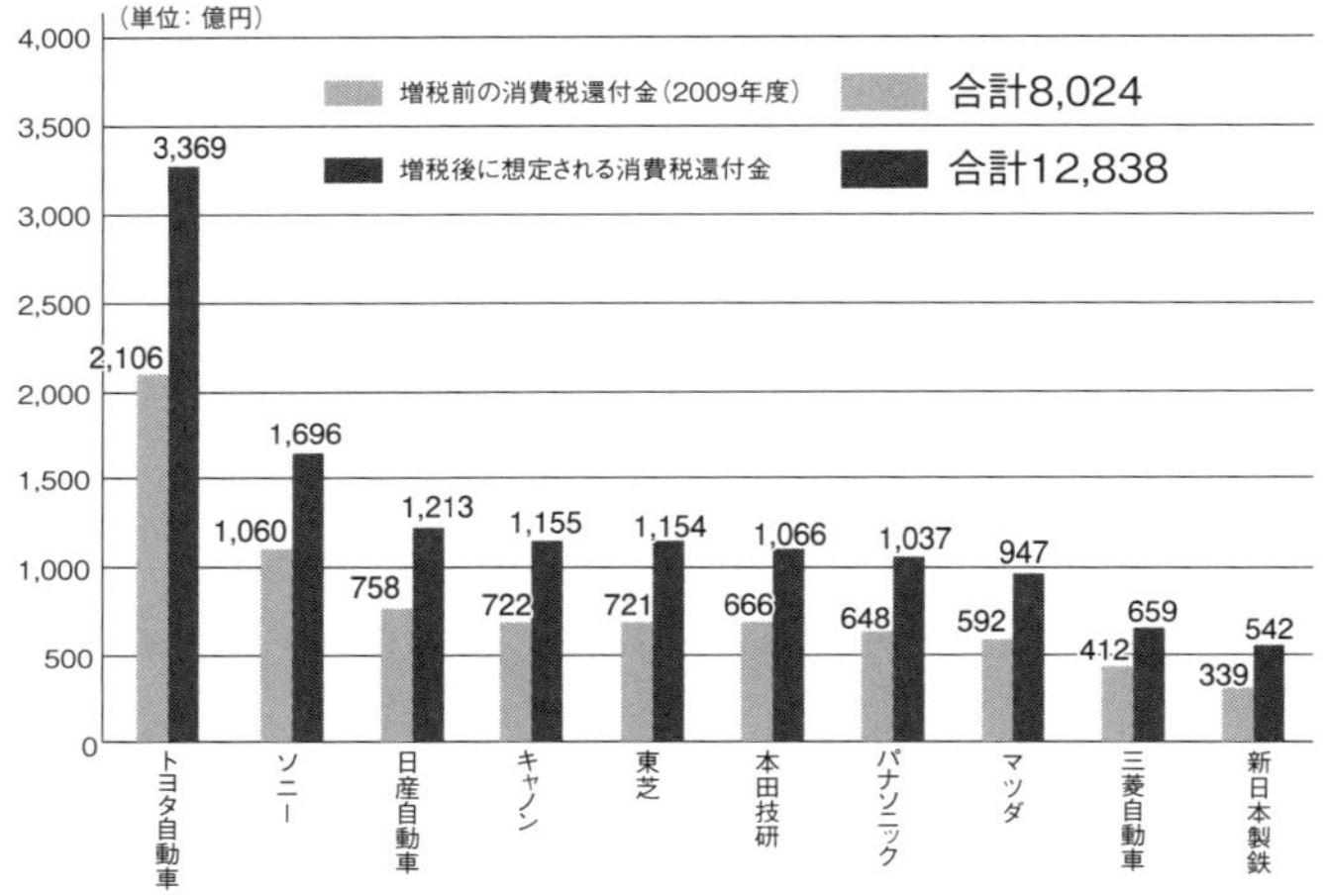

(2009年度のデータは湖東京至元静岡大学教授の試算、増税後の試算は2009年データを基に著者が作成)

上の表は、日本の輸出企業上位10社が消費税でもらっている「戻し税」の額である。

増税後には、上位10社だけで1兆円以上の戻し税が見込まれているのだ。

2014年の8%増税後は十数兆円である（地方消費税を除く）。十数兆円しか税収がないのに、1兆円も戻し税を払うのである。

これほど効率の悪い税金はないといえる。

こういうことをして、政府は輸出企業を後押ししているのだ。

しかも企業のグローバル化を推奨する

政府が後押ししているのは、「輸出」だけじゃない。

企業のグローバル化も強力に推奨しているのだ。

たとえば現在の税制には「外国子会社からの受取配当の益金不算入」というものがある。

これはどういうことかというと、外国の子会社から配当を受け取った場合、その95％は課税対象からはずされるということである。

たとえば、ある企業が外国子会社から１０００億円の配当を受けたとする。この企業はこの１０００億円の配当収入のうち、９５０億円を課税収入から除外できるのだ。

つまり950億円の収入については、無税ということになるのだ。

なぜこのような制度があるのか？

建前の上では、「現地国と日本で二重に課税するのを防ぐ」ということになっている。

外国子会社からの配当は、現地で税金が源泉徴収されているケースが多い。もともと現地で税金を払っている収入なので、日本では税金を払わなくていいという理屈である。

しかし、この理屈には大きな矛盾がある。

現地国で払う税金と日本で払う税金が同じならば、その理屈は正当なものだといえるだろう。たとえば、もし現地国で30%の税金を払っているのであれば、日本の法人税を免除しても問題ない。

が、配当金の税金というのは世界的に見て法人税よりも安いので、結果的に企業が得をしているケースが多いのだ。

たとえば1000億円の配当があった場合、現地での源泉徴収額はだいたい100億円程度である。

しかし日本で1000億円の収入があった場合、本来は300億円程度の税金を払わなければならない。

つまり現地で100億円の税金を払っているからという理由で、日本での300億円の税金を免除されているのだ。実際はもう少し細かい計算が必要となるが、ざっくり言えば、こういうことである。

配当に対する税金は、世界的にだいたい10%前後である。途上国やタックスヘイブンと呼ばれる地域では、ゼロに近いところも多い。

それに対して法人税は、世界的に見て20%〜30%である。日本も25%である（住民税を入れて30%前後）。

だから、「現地で配当金の税金を払ったから、本国の法人税を免除する」ということになれば、企業側が儲かるのは目に見えているのだ。

アメリカの子会社が日本の本社に配当した場合、源泉徴収額は10％である。一方、日本の法人税は23・9％である（２０１８年4月からは23・2％）。

アメリカで10％徴収されている代わりに、日本での25％近い徴収を免除されるわけだ。その差額分が本社の懐に入っているのである。

理屈から言って、この制度はおかしい。海外子会社が現地で支払った受取配当金の源泉徴収分を日本の法人税から差し引けば、それで済むわけである。法人税を丸々、免除する必要はないはずだ。

たとえば、アメリカで１００億円の税金を払っているならば、日本で払うべき３００億円の税金から１００億円を差し引き、残りの２００億円を日本で払うべきだろう。

にもかかわらず、アメリカで１００億円を払っているから日本の３００億円の税金を丸々免除してしまっているのだ。

つまりは、企業のグローバル化を政府が後押ししているのだ。

政府がこのようなグローバル企業優遇策を行なえば、当然、企業のグローバル化は加速することになる。

国内でモノづくりをがんばるより、海外に工場をつくって子会社化したほうが得をするということである。

この事態は、確実に日本経済を蝕《むしば》んでいる。

国は輸出を増やすため賃金の上昇を抑えてきた

国の輸出企業優遇政策は、税金面だけではない。雇用政策にも如実にそれが見られるのだ。

次ページの図を見ていただきたい。

これは製造業の時間当たりの賃金である。

２０００年から２０１０年までの賃金を見ると、日本以外の国はどこも大きく上昇している。アメリカなどは30％も上がっている。イギリスも、ドイツも、フランスも20％以上は上がっているわけである。

でも、日本だけが上がるどころか下がっているのだ。

その下の図表は、先進国の平均賃金を１９９５年と２０１２年で比較したものである。

アメリカもユーロ圏も大幅に賃金が上昇している。しかし、日本だけが賃金が低下して

この10年の主要先進国の賃金（製造業・1時間当たり）

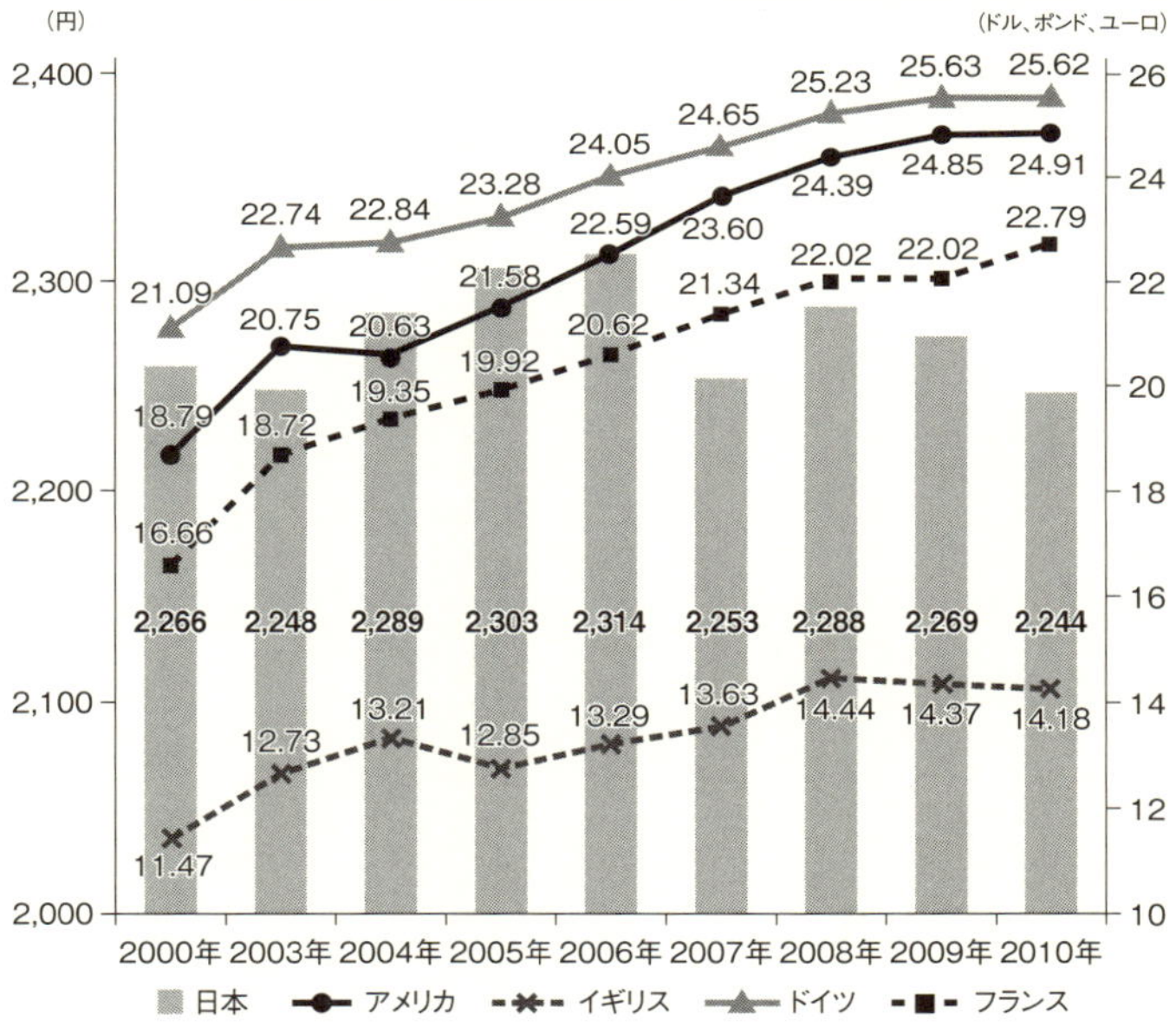

データブック国際労働比較2013年度版より

先進国の名目賃金の推移（1995年を100とした場合）

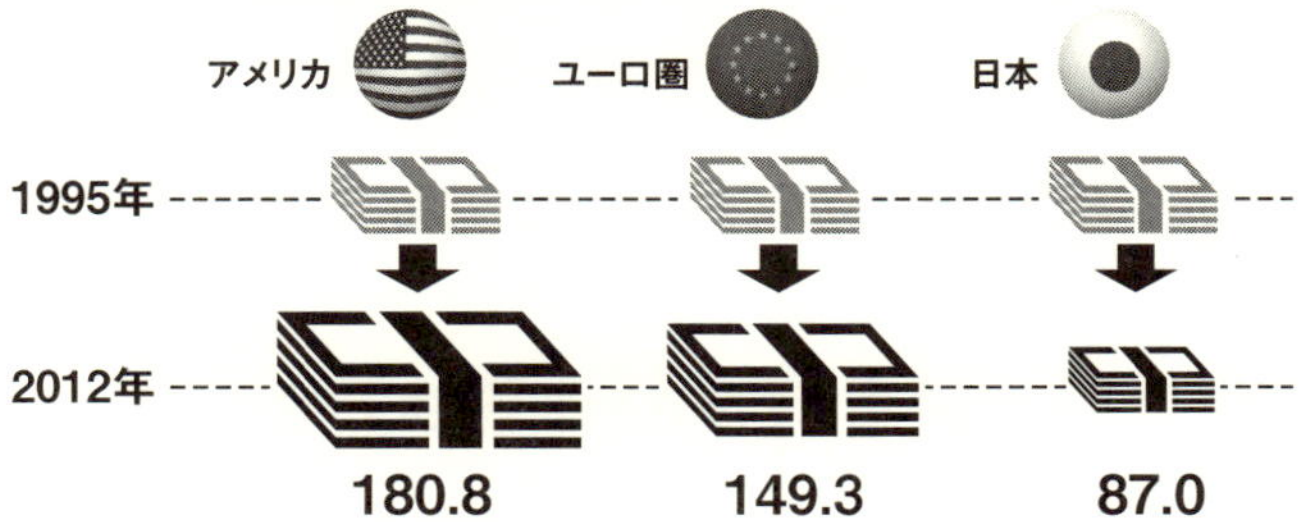

OECD　Economic Outlook 2013年より

いるのである。この2～3年はアベノミクスで若干、賃金が上がっているものの、消費税の増税分にさえ届いていないし、ましてや欧米の上昇率には遠く及ばないのである。

バブル崩壊以降、日本経済はそれほど悪くなかった。GDP（名目）は増えているし、トヨタなど何度も史上最高収益を出している企業もある。

しかし賃金（名目）は13ポイント以上も下がっているのだ。

この10年間というのは、先進諸国はどこもリーマン・ショックの影響を受けている。でも、他の先進諸国の賃金はちゃんと上がっている。

なぜ日本の賃金だけが上がっていないのか？

それは、大きく言って二つの理由がある。

一つは、国が定める最低賃金がこの間にあまり上がらなかったので、必然的に労働者の賃金が上がらなかったということである。

もう一つは、労働法などの改正で賃金が安くてすむ派遣労働者が増え、賃金の上昇が抑えられたということである。

二つの理由とも、国の政策が大きく関係しているのだ。

国は、「国際競争力」という旗印のもと、バブル崩壊以降長い間、労働者の賃金の上昇を抑える政策を敷いてきた。これは輸出企業を中心とした財界の要請を受けたものでもある。

しかし賃金の上昇を抑えるということは、国民生活に重大な影響を及ぼす。企業が人件費を切り詰めれば、国民の収入は下がり、購買力も低下する。国民の購買力が低下するということは、企業にとっては、**「市場が小さくなる」**ということである。

1995年と2012年では、平均賃金が13ポイント下がっているので、日本経済の市場は13ポイント以上縮小しているといえるのだ。

バブル崩壊以降、日本はデフレに苦しんでいるが、デフレの最大の要因も**「賃金の抑制」**だといえる。

国民の収入が減り、購買力が落ちれば、物を買わなくなる。そうなれば、物の値段が下がっていくのは当然である。

バブル崩壊以降、サラリーマンの平均給料は平成9年をピークに下がり始めている。しかし物価が下がり始めたのは平成10年である。つまり賃金が下がった後にデフレが生じているわけで、現在の日本がデフレになっている最大の要因は、賃金の低下ととらえるのが自然なのだ。

それもこれも、元をたどれば、「輸出企業を優遇する」という国の政策に行きつくのである。

輸出企業を守るために派遣労働を解禁

政府は輸出企業を守るため、賃金の上昇を抑えるだけではなく、それまで禁止されてきた製造業での派遣労働を解禁してしまった。

まず1999年に労働者派遣法を改正し、それまで26業種に限定されていた派遣労働可能業種を一部の業種を除外して全面解禁した。

そして2006年にはさらに同法を改正し、1999年改正では除外となっていた製造業も解禁された。これで、ほとんどの産業で派遣労働が可能になった。

この労働者派遣法の改正は、財界から強く働きかけられたものである。財界は、「国際競争力を維持するため」として、「労働の流動化」を強く求めてきた。「労働の流動化」というと聞こえはいいが、要は、従業員の首を切りやすいようにしろということである。政府はそれを受けて、首を簡単に切れる派遣労働の範囲をほぼ全面開放したのだ。

製造業での労働者の派遣がこれまで禁止されてきたのはなぜか？

製造業では危険な作業が多く、労働災害が起こりやすい。そのため労働災害時などの責任を明らかにするためにも、企業が直接雇用することを義務付けていたのだ。また製造業では繁忙期と閑散期の差が大きいので、派遣社員を許してしまうと、「簡単に首を切る」ことにつながる。それでは、労働者の生活の安定が図れない。そのような理由から、これまで製造業の労働者の派遣は禁止されていたのだ。

製造業での派遣労働が許されるようになると、当然、製造業者は派遣社員を多く使うようになった。

この法律の改正により、日本の製造業の国際競争力が維持できた部分もある。トヨタなどの自動車メーカーが現在も世界シェアの多くを占めているのも、同法の改正が少なからず影響しているはずだ。

が、派遣労働の解禁は、日本経済に大きな負の影響ももたらした。長い目で見れば、負の影響のほうがはるかに大きいといえる。

この法律の改正により、日本では非正規雇用が爆発的に増加した。

90年代半ばまでは20％程度だった非正規雇用の割合が98年から急激に上昇し、現在では35％を超えている。

そして非正規雇用の増加は、格差社会と少子高齢化の大きな要因となっている。非正規雇用者の男性の結婚率は、正規雇用の男性の４分の１である。

社会の格差化や少子化は、国家の存亡を脅かす。輸出企業を守るために、日本はそれを行なったのである。飛車角を守るために玉を殺してしまうヘボ将棋のようなものなのだ。

大手メーカーは日本での雇用を急激に減らした

企業がグローバル化することが、決して母国に益をもたらさないということについて、トヨタを例に見てみたい。

トヨタはリーマン・ショック以降、急速にグローバル化を推し進め、海外工場を増設し、部品の海外調達などを増やした。

その結果、トヨタの正社員は減り続け、トヨタが国内の下請け企業などに支払う製造費用もガタ落ちしているのだ。

平成4（1992）年のピーク時には、7万5000人いたトヨタの正社員はここ2年は多少増加しているが、2015年までは7万人程度にまで落ち込んでいる。しかもトヨタは賃金に関して非常に渋い。正社員も減らし、賃金も上げずという状態なのである。

また2014年8月の帝国データバンクによるトヨタ自動車グループの下請け企業の実態調査結果の発表によると、全国約3万社の下請け企業の2007年度と2013年度の売り上げを比較したところ、2007年度の水準を回復していない企業が約7割を占めた

トヨタの製造経費（売上原価）

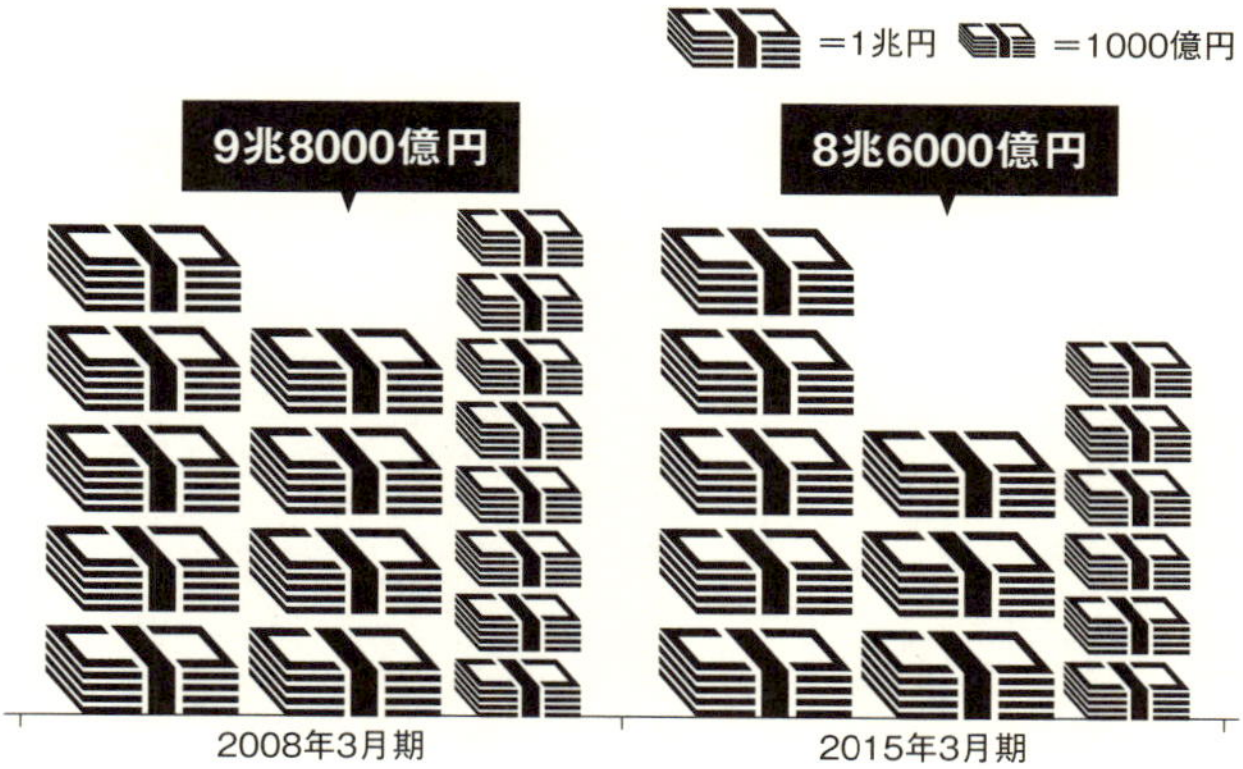

のである。

それは、数字にも明確に表れている。

トヨタは、２００８年３月期に製造経費として９兆８０００億円を日本国内で使っていた。しかし、２０１５年３月期には８兆６０００億円に減っている。トヨタが国内で落とす金が、実に１兆円以上も減っているのだ。

トヨタ自体は近年、過去最高収益を連発しているが、それは下請けにはまったく反映されていないということなのだ。

またトヨタの国内生産台数はピーク時に比べれば、25％以上も減っている。

国内生産台数が減っているということは、トヨタが国内の工場労働者の雇用や経済活動への貢献度が減っているということなのである。

つまり、トヨタがグローバル化を進めれば進めるほど、日本の雇用や経済活動への貢献度がどんどん減っているのである。

日本の国際収支の黒字は多すぎる

筆者は本章において、

「経常収支の黒字ばかりにこだわると、国の経済を疲弊《ひへい》させる」

と述べてきた。

これに対し読者の中には、こういう反論を持つ人もいるだろう。

「日本は資源に乏しく、輸入が必ず必要なので工業製品の輸出は不可欠」

「日本は経常収支や貿易の黒字で成り立っている」

確かに日本は資源に乏しく、輸入は絶対に必要なので、その分の輸出をしなければならない。

しかし、経常収支や貿易の黒字は、多ければ多いほどいいかというと決してそうではない。輸入に見合うだけの輸出をしていればいいだけであり、国際収支の過度な黒字は、さまざまな面で経済に支障がでるのだ。

日本の経常収支の推移

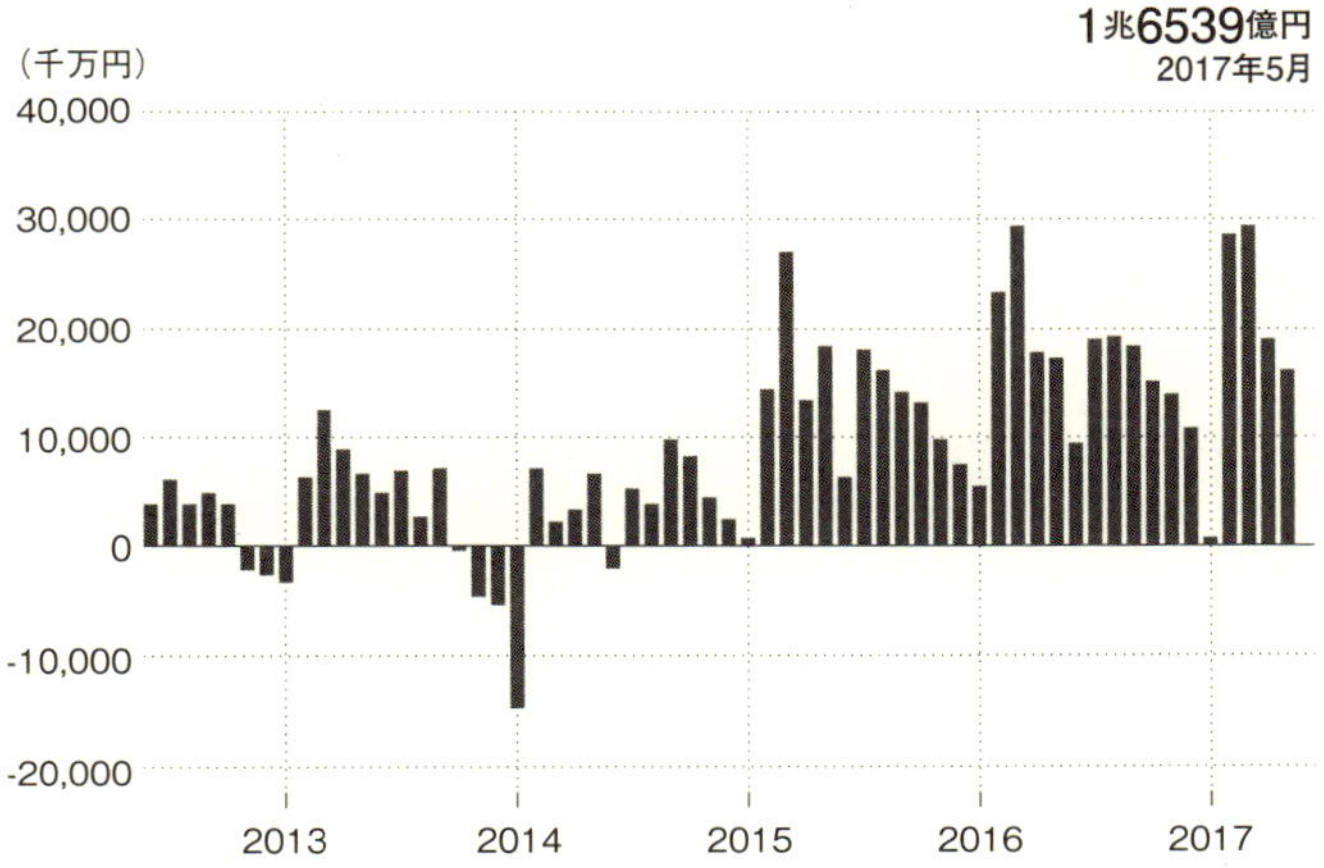

出典　財務省

今の日本は国際収支的に見てどうかというと、明らかに**「黒字が多すぎる」**のである。

日本の経常収支や貿易収支は長年にわたって黒字になっており、それが積みあがっている状態になっている。

現在、日本には100兆円以上の莫大な外貨準備高がある（1兆2331億ドル）。これはEU全体（1兆1514億ドル）よりも多い。中国（3兆ドル）よりは少ないが、国民1人当たりの外貨準備高は「断トツの世界一」という状態が長く続いているのだ。

日本人は「国際収支の黒字」は、会社経営における黒字と同様に考えているフシがある。だから国際収支の黒字が貯まれば貯まるほど、国が豊かになるような錯覚を持っている。

しかし国際収支というのは、個人や会社の経理と違うのである。

国際収支が黒字になりさえすれば、国が潤うというものではない。

国際収支の黒字というのは増えすぎると、自国にも他国にも非常に悪い影響を及ぼしてしまうのだ。

国際収支の黒字は決して国を豊かにはしない

「国際収支が黒字になっても、決して国は豊かにはならない」

と言われても、ピンと来ない人も多いだろう。

このことについて少し詳しく説明したい。

国際収支というのは、国と国が物やサービス、お金の交換をしたその帳尻のことである。

そして「国際収支が黒字」というのは他国から受け取った物よりも、あげた物のほうが多い状態のことなのだ。だから、その埋め合わせとして他国の通貨を受け取る。

「国際収支の黒字」というと聞こえはいいが、要は自国の富は持ち出しであり、その代価として「他国の通貨」がたまっていくに過ぎないのだ。

そして他国の通貨がたまっていくこと自体は自国を豊かにするわけではなく、自国の物価を押し上げるだけなのだ。

たとえば、日本がアメリカに電化製品1億ドル分を輸出したとする。

しかし、アメリカからは何も輸入していない。となると、日本はアメリカのドルを1億ドルもらえることになる。

が、アメリカ・ドルの1億ドルというのは、使わなければただの紙切れである。

アメリカの国民は、日本の電化製品を1億ドル分手に入れた。しかし日本の国民は、アメリカから品物としては何ももらっていないのだ。1億ドルという通貨をもらっただけである。

この1億ドルは外貨準備として、この先、輸入に使うことはできる。しかし現時点では、日本には何も入ってきていない。日本人は一生懸命電化製品をつくっても、見返りに何ももらっていないということになるのだ。

そしてこの1億ドルは日本の電機メーカーが受け取り、最終的には日本円に交換される。となると、日本円が増えることになる。

日本には何も物が入ってきていないのに、「円の流通量」だけが増えることになる。円の流通量が増えれば、物価は上がる。つまり国際収支の黒字というのは実際のところ、「自国の物価を上げるだけ」なのだ。

数学的に言えば、輸出と輸入がほぼ見合うとき、国の富はもっとも大きくなるのだ。輸出ばかりが突出すると、国の富は流出し、物価が上がるだけということになる。

また一国の国際収支の黒字が増えるということは、他国の貿易赤字が増えるということでもある。

国際収支の黒字というのは個人や企業の黒字とは違い、みんなで頑張れば黒字になるというものではない。ある国の黒字の蓄積は、必ずどこかの国の赤字に蓄積される。

そして貿易赤字が蓄積した国は、非常に困難な状態に陥る。

貿易赤字が増えれば、その国の経済状態は悪化し、最悪の場合は破綻してしまう。そうならずとも貿易赤字が増えれば、外貨が不足し、その国は輸入ができなくなってしまう。

そして、そういう国が増えれば、世界の通商は阻害され、世界的な経済危機となる。

そうなった場合、一番損するのは国際収支黒字国なのである。赤字国は他国からたくさんの物を受け取った挙げ句、代金が支払えなくなったわけであり、物をもらっている分だけ得をしている。しかし黒字国は物をあげただけで、代金の支払いを受けていないことになるからである。

日本は十分すぎる外貨を持っている

「国際収支の過度な黒字は決して善ではない」

ということは、かの経済学者ケインズも主張していることである。
ケインズは世界の貿易を健全にするためには、国際収支の黒字国が黒字額を減らす努力をするべきと述べているのだ。

ケインズは、戦後の国際経済レジームをつくるためのブレトン・ウッズ会議の中で、「貿易黒字国も赤字国も、収支均衡の義務を負う」という提案をしている。

ジョン・メイナード・ケインズ
イギリスが生んだ20世紀最大の経済学者。『雇用・利子および貨幣の一般理論』ではアダム・スミス以来の「自由放任主義」の限界を示し、財政・金融政策を通じて政府が市場に介入し、有効需要を管理することの重要性を説いた。(1883～1946)

それまでの貿易のルールでは貿易の不均衡が生じた場合、赤字国だけが改善の義務を負っていた。赤字国が収支改善の義務を負うという明確なルールがあったわけではないが、貿易の赤字が続けば、物をなかなか売ってもらえなくなる。このため赤字国は当然、通貨の切り下げを行なったり、輸出促進を行なって、貿易収支の改善をしなければならなかった。

しかしケインズの提案では、黒字国も黒字削減の義務を負うようにされていたのだ。貿易黒字が一定の割合を超えると、課徴金が科せられるというのである。

この提案では、黒字国も黒字だからといって安穏とはしていられなくなるのである。

このケインズの案は、とり入れられなかった。が、もしケインズ案の国際金融システムが採用されていれば、高度成長期以降の日本は相当苦労したはずである。

前述したように、今の日本は国民1人当たりの外貨準備高は、断トツの世界一である。ということは世界貿易において、日本はもっとも迷惑をかけている国ということになる。

もし、これ以上、国際収支の黒字を増やせば、日本は世界中から総スカンを浴びてしまう。

「もっと輸出を増やせ」

という日本の官民のリーダーたちの方針は、世界経済の潮流から見れば逆行しているのである。

第6章

今の日本に必要なのは〝経済成長〟ではなく〝経済循環〟

必要なのは〝経済成長〟ではなく〝経済循環〟

ここまで読んでこられた方の中には、

「日本はデフレ不況から脱出するためには経済成長が欠かせない」

「輸出や経常収支の黒字を増やさないと経済成長はできない」

と思っている人もいるだろう。

が、これは大きな錯覚である。

日本はバブル崩壊以降、

「不況脱却のためには経済成長が必要」

という迷信を信じ続けてきた。

しかし、前述したように日本は他の国に比べれば、はるかに経常収支の黒字額は大きいし、経済もうまくいっている。

なのに、なぜ日本はデフレ不況からなかなか脱却できないのか？

それは**〝経済循環〟**がうまくいっていないからである。

現在、日本国民の個人金融資産は１８００兆円である（２０１６年末）。

これは、1人当たりにすれば、1400万円程度になる。しかも、これは金融資産のみの換算であり、土地、建物などの不動産は含まない。つまり現金、預金、金融商品だけで、1人1400万円も持っていることになっているのだ。4人家族であれば、約6000万円である。

ほとんどの国民は、**「そんな夢のようなことがあるか」**と思っているはずだ。ほとんどの国民は、そのような多額の金融資産は持っていない。

では、誰がそんな大金を持っているのか？

ごく一部の富裕層なのである。

アメリカのワールド・ウェルス・リポートによると、2004年には134万人だった日本の億万長者は、2013年には233万人に達しているという。7割増である。

このワールド・ウェルス・リポートというのは、金融資産だけで100万ドル以上を保持している人を換算したものである。

つまり、日本では億万長者が激増しており、そのため個人金融資産の保有額も巨額になっているのだ。

〝経済循環〟を歪めた国際収支至上主義

日本の経済循環を歪《ゆが》めてきたのは、「国際収支至上主義」による「輸出企業優遇政策」だといえる。

前述したように日本はバブル崩壊以降、「国際競争力を維持するため」という旗印のもと、人件費の抑制や、派遣労働の解禁を進めてきた。

その結果、日本の企業の業績は非常に良好だったが、賃金は上がらず、派遣労働者が急増した。

国民生活はどんどん悪くなり、格差が拡大した。

次ページの表は、国税庁の民間給与実態統計調査のデータである。

この表を見ればわかる通り、この十数年間、サラリーマンの平均年収は見事なほど下がり続けている。この数年はアベノミクス等で若干、持ち直してはいるが、これまで下がった分にはほど遠い。

そして賃金が下がり続けたことによって、日本社会にはさまざまな弊害が起きることになったのだ。

サラリーマンの平均年間給与

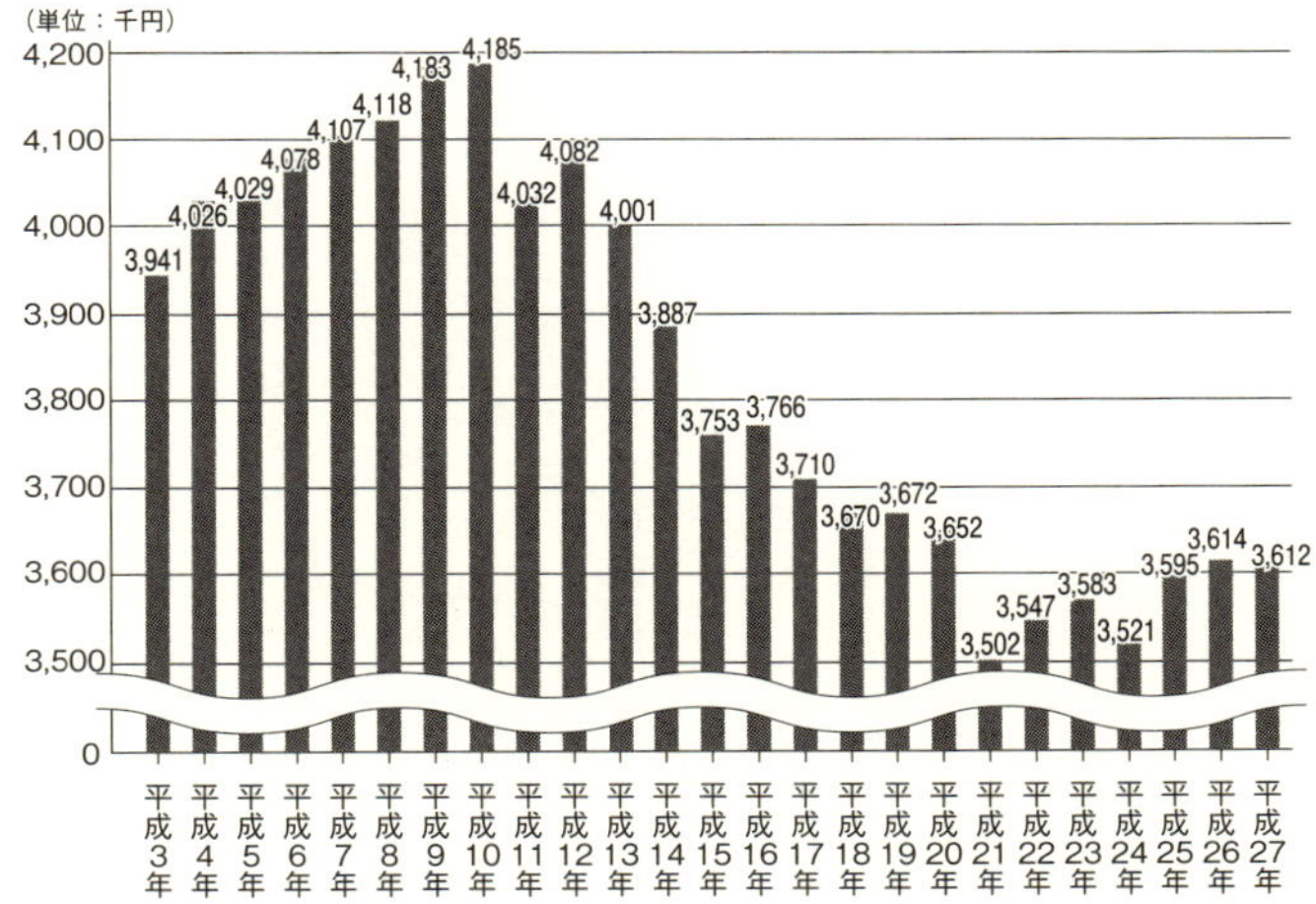

国税庁・民間給与実態統計調査より

年収２００万円以下のサラリーマンは１０００万人を超えており、生活保護水準以下の人たちも１０００万人に迫る勢いとなっている（一説には２０００万人とも）。

貧困家庭も増え、まともに食事をとれない子供がかなりいるという。しかも信じられないことに、現在、日本の大学生の半分は有利子の奨学金を使っているのだ。奨学金とは名ばかりで、要は借金である。つまり日本の大学生の半分は、借金をしなければ大学に通えない状態なのである。

少子化で少なくなったはずの子供の学業さえ、満足に支えられない。にもかかわらず、億万長者はますます富を増やしている。

日本がデフレ不況からなかなか脱出できないのは、これが最大の要因なのである。

日本企業は有り余る金を持っている

前項では、サラリーマンの賃金が下がったことが日本経済を歪めてきたと述べた。が、反論を持つ人も多いはずだ。

「バブル崩壊以降、日本人の給料が下がっているのは、企業の業績が悪いから」


と、ほとんどの日本人は思っている。

が、実はこれも大きな誤解なのである。

バブル崩壊以降、日本の企業業績は決して悪くなかったのだ。

日本企業全体の営業利益は、バブル崩壊以降も良好状態を継続しており、2000年代に史上最高収益を上げた企業も多々あるのだ。そして日本企業は、企業の貯金ともいえる**「内部留保金」**をバブル崩壊以降の20年でほぼ倍増させているのである。

2002年には190兆円だったものが、2015年には380兆円にまで膨れ上がっている。しかも、現在も内部留保金は増え続けている。

たった13年で100兆円以上増やし、倍増させているのだ。

内部留保金というのは設備投資などに回される分もあるので、必ずしも「内部留保金＝企業の貯金」とはいえない。が、日本企業は内部留保金だけじゃなく手元資金（現金、預金等）も激増し、200兆円を大きく超えている。

これはどういうことかというと、今の日本の企業では内部留保金がほとんど投資に回されずに、企業の内部に貯め置かれているということである。つまり、日本の企業の内部留保金は、企業の貯金と同義語になっているのだ。

この380兆円の内部留保金がどれだけ大きなものであるか、普通の人にはなかなかピンとこないものだろう。

これは実は異常値と言えるものなのだ。

たとえばアメリカの企業の手元資金は、2010年末の時点で162兆円となっている。日本企業の内部留保金は、アメリカの2倍近くもあるということである。

アメリカの経済規模は、日本の2倍である。そのアメリカの2倍も内部留保金を持っているということは、経済社会における割合としては、アメリカの実質4倍の内部留保金を持っているということである。

またアメリカの162兆円の手元資金というのも決して少ない額ではない。

リーマン・ショック以降、企業が資金を手元に置きたがる傾向があり、膨れ上がったものである。そしてこの巨額な手元資金が、アメリカ経済の雇用環境を悪くしているなどの指摘をされている。

ということは、実質その4倍の内部留保金を持っている日本がどれだけ経済環境に悪影響を与えているか、ということである。

バブル崩壊以降、国民の多くは、「日本経済は低迷している」ということで、低賃金や増税に耐えてきた。しかし、その前提条件が実は間違っていたのである。

日本の企業は社員の賃金を上げようと思えば、いつでも上げられる状態だったのである。というより、「上げて当然」の状態が続いていたのだ。にもかかわらず、〝国際競争力〟のために賃金を減らしてきた。

それが国内市場を狭めることになり、大手企業の「足場」を脆弱《ぜいじゃく》なものにし、無理な海外展開をせざるを得ない状況に陥らせたのである。

日本の製造メーカーが陥った悪循環

2000年代以降、日本の大手製造メーカーたちは、こぞってグローバル化を推進した。

東芝が２０００年代に原子力の輸出を強力に推し進めるようになったことは前述したが、トヨタなどの自動車メーカーも、急激に海外に販路を求めるようになった。

その要因の一つが、前述したように**「日本の市場が小さくなっている」**ということにある。それは数値にも如実に表れている。

たとえば、トヨタの国内自動車販売数は平成２（１９９０）年に２１６万台だったが、平成28年には１４１万台である。

実に35％も減っているのである。

ざっくり言えば、トヨタの国内市場が35％も小さくなっているということである。

しかもトヨタだけじゃなく、自動車メーカー全体で同程度の市場縮小が見られるのだ。日本国内の新車販売台数は１９９６年に７２９万台だったのが、２０１６年には５００万弱にまで落ち込んでいる。

そのため日本の自動車メーカーたちは、海外に販路を求めなくてはならなくなった。が、本書で説明してきたように日本の企業が外国で商売をするというのは、大変なことなのである。どこの国だって、外国の企業にそうやすやすと儲けさせたくはない。東芝、トヨタ、タカタなどは大変な目に遭った。

そもそも日本の製造メーカーが海外に販路を求めなくてはならなくなったのは、日本国

日本の製造メーカーの悪循環

中国製品などに対抗するため政府に働きかけ
国内賃金の上昇を抑え派遣労働者を増やす。

↓

国内の消費が冷え込み、国内での販売が激減

↓

工場などを海外に移し、販路も海外に求める

↓

国内のデフレが長期化し、
国内での販売はますます減少

↓

**海外で販路の拡大をし、
現地国で痛い目に遭う**

内での低賃金政策の影響が大きいのだ。

日本ではバブル崩壊以降、賃金がほとんど上がらず、派遣労働者も大量に増えたため、消費が冷え込んだ。車を買う余裕もないし、電化製品も日本製のいいものを買わずに、中国製を買う人が増えた。

それが国内市場を小さくし、企業がグローバル化を進めなくてはならない要因となったのだ。

つまり日本の製造メーカーたちは国内の賃金を抑えてきたために、国内市場を縮小させ、海外で勝負をせざるを得なくなり、ますます賃金を抑える方向に行き、海外で痛い目に遭うという悪循環にはまりこんでいるのだ。

輸出の増大ではなく国内消費の拡大を

今の日本経済が向かわなければならない方向というのは、「輸出の増大」ではなく、**「国内消費の拡大」**なのである。

日本は、他の先進国に比べて個人消費が低い。「個人消費が少ない」ということは、国内のマーケットが広がっていないということである。

たとえばアメリカの個人消費は、だいたいGDPの7割である。一方、日本の個人消費は、だいたいGDPの6割である。

簡単に言えば、アメリカは国全体が稼いだお金の7割を消費する。しかし、日本は国全体が稼いだお金の6割しか消費していないということである。

この1割の差は非常に大きい。

消費は、すなわち誰かの売上である。人が消費するということは、人が誰かから物を買っているということであり、誰かにとっては収入となっているのだ。消費が大きいということは、他人の収益に貢献しているということである。

そして国民の消費が大きいということは、それだけ国の市場が大きいということでもある。

たくさんお金を使うことで、それが誰かの収益になる。それで経済は循環する。その循環の流れが速ければ、経済は活性化する。

たとえば、日本とアメリカの自動車販売台数は次の通りである。

2016年	アメリカの新車販売台数	**1755万台**
2016年	日本の新車販売台数	**497万台**

アメリカの新車販売台数は日本の３・５倍である。

人口比で見れば、アメリカは日本の２・５倍なので、アメリカのほうが日本よりはるかに新車が売れているということだ。

アメリカは毎年、人口の５・４％が新車を購入している。一方、日本で新車を購入しているのは人口の３・９％である。

しかもアメリカで売れている車というのは、ほとんどが日本で言えば大型車ということになる。一方、日本で売れている車の35％が軽自動車である。１台当たりの価格差は倍近い。

アメリカはそれだけ国民全体が豊かな生活をしている証左である。

「日本は国土が狭いので、自動車は売れない」

という人もいるが、決してそうではない。

日本は公共交通機関が利用できない山岳部が多く、地方で暮らしている人は車が不可欠である。

日本でも、１９９０年代初頭には８００万台近く売れていた。だから日本人が決して車を欲していないわけではないのだ。今、日本人が車を買わなくなったのは、「買わなくなった」のではなく、**「買えなくなった」**のだ。

もし日本人が収入の増加などで消費を増やせるような状況になれば、自動車販売台数はもっと増えるはずだ。そうすれば日本の自動車メーカーも、海外でそれほど車を売らずに済む。


日本の個人消費が低い主な理由は、次の通りである。

1　昨今、貧富の差が拡大し、消費性向の低い富裕層にお金が集まっていること
2　社会保障が不整備なため、安心して消費できないこと
3　そもそも日本人は貯蓄を美徳と考えてきたこと

3番目については、日本人の意識を変えなくてはならないので若干の時間を要するが、1と2は、すぐにでも対策ができるものなのである。

昨今の日本の経済政策は社会保障をおざなりにし、目先の株価上昇などばかりを狙った近視眼的なことばかりを行なってきた。

その結果、国内消費のじり貧状態が続き、国内市場が縮小しつづけてきたために、企業は海外に向かわざるを得なくなった。海外市場で勝負するためには、人件費の高い日本でモノをつくるのを避けるようになる。そのため日本人の収入が増えず、国内市場はますます縮小するという悪循環にはまりこんでいるのだ。

社会保障の不備も原因の一つ

日本企業が無理な海外展開をしてきたのは、「日本の社会保障の不備のしわ寄せ」という面もある。

日本人は、「日本の社会保障は世界的に進んでいる」と思っているが、まったくそうではない。

日本の社会保障は、先進国とは言えないほどお粗末なものなのである。

たとえば、生活保護。

昨今、生活保護については「不正受給」の問題ばかりが取りざたされる。

が、日本の生活保護の最大の問題点は「不正受給」よりも、むしろ**「支給漏れ」**なのである。

日本では時々、「生活保護を申請していたのに役所の窓口で断られ、その結果、自殺したり事件を起こす」というニュースが報じられる。こういうニュースは、欧米の先進国ではあり得ないことなのである。

欧米の先進国では、国民の社会保障の権利を役所が阻害するようなことは絶対にない。生活保護を受ける資格があるのに、役所が申請を受け付けないなどということはあり得ないのだ。

先進国の貧困者やホームレスのほとんどは、不法就労などで国籍がない人である。だから先進国では、貧困者支援のＮＰＯなどが貧困者に国籍や滞在資格を取らせる手助けをするのである。

実際に、これはデータでも表れている。

今の日本社会は、生活保護を受給できるレベル（つまり所得が一定基準以下ということ）の人が激増しているのである。そして実際に生活保護を受給している者というのは、そのうちのごく一部に過ぎない。

現在、生活保護以下の生活をしている人というのは１０００万人以上と推定されている。

いささか古いデータになるが、２００７年、厚生労働省は生活保護を受ける水準の家庭がどのくらいいるかという調査を行ない、その結果を発表した（「生活扶助基準に関する検討会・第一回資料」）。この調査結果によると、低所得者層の６～７％は生活保護水準以下の生活をしていることが判明した。

仮に国民の7％とするならば、約900万人である。しかし、生活保護を受けている人は200万人である。だから単純計算でも、700万人が生活保護の受給から漏れているということである。

この700万人が生活保護の申請をすれば、その多くは生活保護を受けられるはずである。生活保護の受給者は激増していると言いつつも、実は貧困層全体から見れば氷山の一角に過ぎないのだ。

先進国ではそうではない。

イギリス、フランス、ドイツなどでは、要保護世帯の70～80％が生活保護を受けているとされている。

また日本の生活保護はその支給額自体も、先進国に比べれば圧倒的に少ない。

日本の生活保護費は、社会保障費のうちの12％程度に過ぎない。GDP比では0・7％であり、あの自己責任の国アメリカの2割程度なのである。

また生活保護受給者の数も圧倒的に少ない。国民のわずか1・7％であり、これもアメリカの1割程度である。

世界一の金持ち国なのに自殺者が2万人

この社会保障の不備は、目に見えて日本の社会に悪影響を及ぼしている。

ご存知のように、日本は世界的に見て自殺率が非常に高い。ここ数年は減少傾向にあり、年間の自殺者は2万人程度である。が、自殺率は世界第6位であり、自殺が非常に多い国であることは間違いない。

また先進国の中では、断トツに自殺率が高い。

実は日本の自殺率は、かつてはそれほど高いものではなかった。

1995年の時点では先進国の中では普通の水準であり、フランスなどは日本よりも高かったのだ。

しかし90年代後半から日本の自殺率は急上昇し、他の先進国を大きく引き離すことになった。

日本の自殺率を押し上げたのは、中高年男性の自殺の急増である。警察庁の発表による日本の自殺動機では、経済問題が健康問題に次いで2番目になっている。

90年代にバブルの崩壊でリストラが激しくなり、中高年男性の失業が急激に増えたこと

2016年の世界の自殺率ワースト10

2009年の順位	国名		2016年の順位	国名	自殺率（10万人あたり）
1	ベラルーシ	UP!	1	リトアニア※	30,8
2	リトアニア	UP!	2	韓国※	28,5
3	ロシア	NEW!	3	スリナム	24,2
4	カザフスタン	NEW!	4	スロベニア	20,5
5	ハンガリー	DRAW	5	ハンガリー※	19,5
6	日本	DRAW	6	日本※	19,5
7	ガイアナ	NEW!	7	ラトビア	19,2
8	ウクライナ	DRAW	8	ウクライナ※	18,6
9	韓国	DOWN	9	ベラルーシ※	18,4
10	スリランカ	NEW!	10	エストニア	18,3

2016年の順位は2017年版自殺対策白書　　2009年の順位はWHOの資料より

が、日本の自殺を急増させたのである。

社会保障が不備な日本は中高年がリストラされれば、生活の破綻に直結するケースが多い。そのためバブル崩壊以降、自殺者は急増することになったのだ。

そして前ページの表のように、２００９年時点と比べても日本は世界的に自殺が多い国の地位を維持し続けている。近年、世界各国は自殺を減少させているが、日本はその流れに追いついていないのである。

何度も言うが、日本は世界一ともいえる金持ち国なのである。

にもかかわらず、先進国並みの社会保障が施されておらず、その結果、世界でもっとも自殺が多い国の一つとなってしまっているのだ。

なぜ日本の社会保障は遅れているのか？

これまで日本の政治は、社会保障や雇用問題をしっかり考えてこなかった。

というのも日本の歴史では、社会保障や雇用問題に真剣に向き合う機会があまりなかったのだ。

戦前の日本は、農業国家だった。国民の約半数が農業に従事していた。都会で働いている人々も、その大半は実家や本家が農業をしていた。だから失業しても、帰郷して農業に従事する、という手があった。

そのため、失業問題がそこまで深刻化することがなかった。

戦後、日本は急激に工業化し、農業人口は激減したが、「高度成長期」という恩恵を受けたために、失業や社会保障が大きな問題になる機会があまりなかった。

戦後の一時期、労働組合が盛んになったこともあったが、高度成長期で給料が右肩上がりになったために、労働運動は尻すぼみになってしまったのだ。

だから日本は景気が悪くなったとき、社会を維持するシステムがきちんとつくられていないのだ。

欧米ではそうではない。

欧米は、日本の明治維新よりも100年早く産業革命が起きた。産業の中心が農業から工業に移ったのも、都会の労働者が激増したのも、日本よりも100年程度早い。

不景気で失業者があふれるという経験も、日本よりはるかに多かった。

だから雇用政策や社会保障についても、日本よりも整っている。

欧米は日本よりもはるかに労働組合の力が強いし、国も雇用を大事にする政策を採っている。だからリーマン・ショック以降も、欧米の賃金はしっかり上がっていた。

が、日本はそういう経験が不足しているために、雇用や社会保障がきちんと整備されていない。だからバブル崩壊以降は、賃金が下がりっぱなしになってしまったし、７００万人もの生活保護の受給漏れが発生してしまう事態になっているのだ。

そして政府はこういう事態に陥っても、まだ雇用や社会保障を整備しようとはせず、「高度経済成長の再来」によって、すべての経済問題を解決しようと試みてきたのだ。

その結果、日本企業は無理な海外展開をして手痛い目に遭い、国民生活は悪化する一方となったのである。

日本の経済界がしなくてはならないこと

日本の経済界の失敗は、「世界経済の流れにうまく対応できなかった」ということに尽きるだろう。

90年代以降、中国や東南アジア諸国が目覚ましく発展した。彼らは低価格製品で、市場のシェアを広げていった。

それは、高度成長期からバブルにかけての日本の生き方とほぼ同様のものである。日本も以前は、欧米よりも安い製品によって、世界のさまざまな市場のシェアを席巻した。

中国や東南アジア諸国の勃興《ぼっこう》に対し、日本の企業はまともに立ち向かおうとしてきた。しかし日本よりも人件費が何分の一かで済む国と、価格競争でまともに対抗できるはずがない。だから日本の企業たちは、ここで別の道を探らなければならなかったのだ。欧米のメーカーたちのように、東南アジア諸国とはまともに競合しない製品をつくる方向に向かうべきだったのだ。

日本は、その切り替えができなかった。つまり日本の経済はまだ「発展途上国モデル」「高度成長期モデル」のままだということなのである。

また国の経済政策も、「発展途上国モデル」「高度成長期モデル」を引きずっていた。「とにかく外貨を稼げ」という方針をとり、「外貨を稼げば日本は豊かになる」という幻想を抱き続けたのである。

しかもその経済政策は、雇用や賃金を犠牲にして進められた。そのため国民の消費は縮小し、デフレ不況を招いたのである。

日本の経済界が末永く発展しようと思うのならば、「持続可能」な経済システムを構築するべきである。

高度成長期からバブル期にかけての「集中豪雨」のような輸出攻勢で国を豊かにする手

法は、もはや不可能である。もし無理にこれを行なえば、世界中から非難を浴びるだろう。日本はもう十分に外貨を持っているし、巨額な金融資産もある。

その「有り金」で国民生活を豊かにし、維持させていくシステムをつくっていくべきなのだ。

これだけ世界中から富を集めているのに、結婚できなかったり、子供をつくれない若者が大勢いるというのは世界の恥である。

持続可能な経済システムをつくるためには、まず第一に雇用を大事にし、国民が普通に豊かな生活を送れるような賃金を払うことである。そうすれば、日本の市場はもっと拡大し、安定するはずである。企業のほうも日本国内で十分に利益が上げられれば、そう無理して海外展開をする必要もない。

日本の経済界はそれを怠ったために、海外で痛い目に遭っているのだ。

国内で頑張っている企業に恩恵を

また日本企業が海外で煮え湯を飲まされているのは、政策の失敗という面も大きい。

これまで述べてきたように、政府は企業が海外展開することを後押しする経済政策を行なってきた。これは、政府としては絶対にやってはならないことだったのである。

国は企業が海外に工場を移さないように、国内で頑張る企業を応援するような政策をしなければならなかったのだ。

国内で工場を持つ企業には、それを維持するだけで特別の減税をするという政策を講じるべきだろう。その原資は、これまで海外展開企業に施してきた恩恵をカットすれば、十分に得られるはずだ。

そして、やみくもに経常収支や貿易収支の黒字を増やし、大きな経済成長を目指すのではなく、それほど経済成長をしなくてもやっていける経済システムをつくる努力をするべきである。

そして、社会保障を先進国並みに整備すべきである。

何度も繰り返すが、日本はこれまで十分にお金を稼いできたし、世界一ともいえる莫大な資産を持っている。それを有効に使えば、国民は十二分に豊かに生活していけるのだ。

国民１人当たりの外貨準備高が断トツ世界一の国で、若者が貧困のために進学も結婚も出産もまともにできないというのは、**本当に恥ずかしい**ことなのだ。

おわりに

自由貿易は悪である

2017年にアメリカの大統領に就任したトランプ氏は、保護貿易主義的な政策を強力に打ち出し、世界中で物議をかもした。

これを見て多くの人は、強い違和感と警戒感を持ったはずだ。

ほとんどの人は、**「国際貿易というのは自由貿易こそが善である」**と思っている。

確かに、第二次世界大戦前のように世界の国々が極度に貿易を制限すれば、困る国がたくさん出てくる。「自由な貿易」は、世界を繁栄させていく上で不可欠な条件である。

が、かといって何から何まで自由に貿易をするようになると、資本力の強い企業が世界経済を牛耳るようになり、経済力の弱い国は他国から資源を収奪されまくるようになるなど、世界経済はメチャクチャになってしまう。

だから一定のルールや調整などは、必ず必要なのである。

また自由貿易が善であるという考え方を広めたのは、実はアメリカなのだ。なぜアメリカが「自由貿易は善である」という考えを広めたのかというと、かつてのアメリカにとって、自由貿易こそが「自国を繁栄させるためにもっともいいシステム」だったからだ。

19世紀後半から第二次世界大戦直後までのアメリカは、圧倒的な輸出力がある国だった。アメリカという国はもともとイギリスの植民地であり、イギリスの科学技術力をそのまま持ち込んでいた。それに加え、広大な国土と豊穣な資源があった。

ヨーロッパ諸国は科学は発達しているが、そんなに資源を持っていない。だから世界各地から資源を持ってこなくてはならない。もちろん、そのためには膨大な手間と莫大な費用がかかる。

しかし、アメリカは世界で3番目に広い国土を持ち、世界有数の資源大国である。国のあちらこちらに油田、金脈、鉱山がある。またその広い国土は農業にも適しており、農業生産力も十二分にあった。

自国民を十分に食べさせた上に、大量の農産物を輸出できたのである。

つまりアメリカはヨーロッパの科学技術力と、世界最高レベルの莫大な資源を併せ持つ国だった。

その技術力と資源と生かし、アメリカの経済は急成長した。19世紀のうちに、すでにイギリスを抜き、世界一の工業国となっていた。そして第一次世界大戦後には、世界一の債権国となり、断トツの輸出大国になっていたのだ。

アメリカは第二次世界大戦前までに、世界の金の保有量の4割を占めるに至り、第二次世界大戦終了時には、それは7割に達していた。

第二次世界大戦中もアメリカは本土での被害がほとんどなかったので、工業製品の輸出は独り勝ちの状態になっていた。アメリカは1945年の世界のGDPの約半分を占めていたのである。

第二次世界大戦終了の時点では、工業力でアメリカにかなう国などまったくなかったし、今後そういう国が現れるということも、まず考えられないことだった。

輸出力に絶対の自信を持っていたアメリカは、

「世界が自由に貿易しさえすれば、アメリカは世界一の経済大国として君臨し続けることができる」

と考えていた。

世界で断トツの経済力を保持するようになったアメリカは、一つだけ弱みがあった。それは植民地が少ないということである。

アメリカはイギリス、フランスのように世界中に植民地を持っていなかった。そのため、イギリス、フランスにブロック経済を敷かれることを恐れていた。世界大恐慌以降、イギリス、フランスがブロック経済を敷いたため、一時、アメリカの輸出が減り、大量の失業者を生んでしまったからだ。

だからアメリカは第二次世界大戦後、強力に自由貿易を推進したのである。

アメリカはＩＭＦや世界銀行などを創設したり、マーシャル・プランでヨーロッパ諸国の復興を支援したりしながら、世界の貿易ルールを「自由貿易」へと向かわせた。

それは世界のためというより、アメリカのためのルールだったのである。

そのアメリカが昨今、保護主義に傾き始めたのだ。

輸出国として圧倒的に有利だった国が保護主義に傾き始めたということは、何を意味するのか？

「自由貿易は決して国を繁栄させるための万能のルールではない」

ということに他ならないはずだ。

アメリカがなぜ保護貿易に傾き出したのかというと、莫大な貿易赤字を抱えているからである。

最強の輸出国だったアメリカは、１９７１年には貿易赤字国に転落した。

その原因は、おおまかに言って三つある。

一つは、アメリカの企業が工場を海外に移し、海外でつくった製品をアメリカに「輸入」するようになったことだ。

第二次世界大戦で世界でもっとも繁栄した国となっていたアメリカは、必然的に人件費も世界でもっとも高くなっていた。そのためアメリカの企業の中には、安い人件費を求めて海外に工場を移転させるものが増えたのである。

そして二つ目の理由は、他国の経済復興、経済発展である。

特に、西ドイツと日本が目覚ましい経済復興を遂げ、強力な工業国に成長してきたのである。西ドイツと日本がアメリカの輸出シェアを次々に奪っていき、それどころか逆にアメリカに輸出するようになっていったのだ。

第二次世界大戦前後、鉄鋼、電化製品、自動車などの工業製品の輸出シェアは、アメリカが断トツだった。そして、アメリカはこの分野で最先端を行っていた。

が、そのアメリカのもっとも得意とする分野を西ドイツや日本が侵食し始めるようになった。つまりアメリカは、輸出力において、西ドイツや日本に負け始めたのだ。

そして三つ目の理由は、軍事費の増大である。

第二次世界大戦後、アメリカはソ連との間で熾烈《しれつ》な軍拡競争を繰り広げた。いわゆる東西冷戦である。アメリカは50年代には国家予算の70％近くを軍事費が占め、冷戦期間を通じても30％前後を占めていた。GDP比で言えば、10％前後だった。

これは、常時、戦争をしているようなものである。

今の日本の自衛隊の経費は、GDPの1％ちょっとである。冷戦時のアメリカGDPの10％というのが、どれだけ大きい数字かわかるはずだ。

そして、どの国がアメリカの貿易赤字の最大の原因となったかというと、実は日本なのである。

アメリカが貿易赤字国に転落した1971年、アメリカは32億ドルの対日貿易赤字を記録していた。アメリカは、日本以外との国の収支はトントンだった。だから対日貿易赤字がそのまま輸入超過額となり、貿易赤字国となってしまったのだ。

それ以来20年以上にわたって、アメリカの貿易赤字の最大の原因は日本だった。

1981年には、アメリカの貿易赤字の70・8％を日本だけで占めていた。

90年代の後半、アメリカの貿易赤字の額において中国が日本を抜く。つまり20年以上も、アメリカの貿易赤字の最大の原因が日本だったのだ。

そしてアメリカの最大の貿易赤字相手が中国になったからといって、日本との貿易問題が解消したわけではない。

というより、アメリカの対日貿易赤字は1980年代から減っていないのである。

現在アメリカは、対外純債務が約7兆5000億ドルにものぼっている。日本円にして、約830兆円ほどである（1ドル＝111円）。

対外純債務というのは、簡単に言えば外国に対する負債だ。

この7兆5000億ドルというのは、世界最大である。つまり、アメリカは世界最大の債務超過国ということなのだ。

今のアメリカよりも多額の対外純債務を抱えた国は、いまだかつてない。これほど対外純債務が増える前に、デフォルトを起こしているからだ。デフォルトとは債務を約束通りに払えなくなった状態のことである。国家の「自己破産」のようなものである。

今のアメリカは、世界経済における非常に危険な実験を行なっているような状態なのである。

「どれだけ対外純債務を増やせるのか？」

という実験である。

もし限界点に達したアメリカがデフォルトとなれば、世界経済は未曽有の大混乱に見舞われるはずだ。だからアメリカはどうにかして、限界点に達する前に貿易赤字を減らさなくてはならないのである。

アメリカが日本の輸出企業をいじめる最大の理由は、そこにあるのだ。

そしてアメリカの対外純債務の膨張というのは、日本の経済にも直結している大問題なのである。

日本は、アメリカ国債の保有世界一を中国と争っており、世界でもっともアメリカ国債を保有している国なのだ。

また現在の世界経済は、アメリカのドルが基軸通貨として使用されている。アメリカという国は、世界の銀行の役割も果たしているのだ。もしアメリカが破綻すれば、世界の銀行が破綻するということになる。

銀行が破綻したときに、もっともダメージを受けるのは誰かというと、もっとも多くのお金を銀行に預けている者である。現在「世界の銀行」にもっともたくさんのお金を預けている国はどこかというと日本である。日本は世界一の純債権国であり、世界に対してもっとも多くの資産を持っている国である。世界の金融システムが壊れたとき、もっともダメージを受けるのは、世界でもっとも外貨を持っている日本なのだ。

「一国が過度に貿易黒字を貯めこめば、世界経済に大きな弊害をもたらす」

そして現在、もっとも貿易黒字、経常収支の黒字を貯めこんでいるのは日本である。だから世界経済の健全化のためには、日本には貿易黒字を減らす義務があるといえるのだ。

これまで何度も言及してきたように、日本は輸出力によって高度経済成長期という黄金期を迎えることができた。そのため、その後の政府は「輸出」ばかりを優先する経済政策を講じてきた。

その結果、世界中のお金を貯めこんでいるにもかかわらず、国民生活は先進国と言えないほど疲弊してしまった。賃金や雇用の不安定化は深刻な格差社会を招き、若者が普通に結婚し子供を産み育てることさえ、かなり難しいことになってしまった。それが少子高齢化を加速させ、消費を冷え込ませる、という悪循環に陥っているのである。

今の日本がまずしなければならないことは、「輸出」ではなく「消費」を増やすことである。

そのためには、

・消費性向の高い「中間層以下の人々」の収入を増やすこと

・国民が安心して消費できるよう社会保障を整備すること

が不可欠である。

政治家や官僚は本当に、もう「高度経済成長の再来」を夢見るような馬鹿げたことはやめていただきたい。

何度も言うが、日本という国はもう十分すぎるほどお金を持っているので、その恩恵を国民に行きわたらせることが最大の課題なのである。

もし、今のまま日本の少子高齢化が進めば、後世の歴史家はこういう記述をするかもしれない。

～昔、日本という非常に優秀で勤勉な国があったが、外貨を獲得することばかりに執着したために国民生活が疲弊し、子供を育てることさえできなくなり、結果的に滅んでしまった～

最後に、ビジネス社の唐津隆氏をはじめ、本書の制作に尽力いただいた皆様にこの場をお借りして御礼を申し上げます。

２０１７年7月

著者

参考文献

【書籍】

『日米の衝突』 ＮＨＫ取材班 日本放送出版協会
『日米間の産業軋轢と通商交渉の歴史』 鷲尾友春著 関西学院大学出版会
『ポスト構造協議』 鶴田俊正・宮智宗七編著 東洋経済新報社
『日本産業史』 有沢広巳著監修 日本経済新聞社
『日本自動車産業史研究』 大場四千男著 北樹出版
『通貨戦争』 ジェームズ・リカーズ著 藤井清美訳 朝日新聞出版
『米中経済と世界変動』 大森拓磨著 岩波書店
『世界を震撼させる中国経済の真実』 榊原英資著 ビジネス社
『なぜ大国は衰退するのか』 グレン・ハバード、ティム・ケイン著 久保恵美子訳 日本経済新聞出版社
『お金の歴史全書』 ジョナサン・ウィリアムズ編 湯浅赳男訳 東洋書林
『金融の世界史』 板谷敏彦著 新潮選書
『ドナルド・トランプ』 佐藤伸行著 文春新書
『トランプ王国』 金成隆一著 岩波新書
『石油がわかれば世界が読める』 瀬川幸一著 朝日新聞出版
『金融と帝国』 井上巽著 名古屋大学出版会

【雑誌・その他論文など】

週刊ダイヤモンド　2015年6月6日号　特別レポート「タカタ　エアバッグ問題」
週刊ダイヤモンド　2015年11月21日号「米当局と〝火薬使用禁止〟で合意　日系自動車、タカタ離れの真相」
週刊東洋経済　2016年2月27日号「郭台銘（テリー・ゴウ）のカネ、人、野望」
週刊東洋経済　2010年6月26日号「トヨタ復活!?」
大阪産業大学経営論集　第15巻第1号
「中国における炊飯器市場をめぐるパナソニックと美的集団のマーケティング戦略の比較分析」王丹霞著
週刊金曜日　2015年11月27日号『「タカタ製エアバッグ問題」で姿の見えない自動車メーカー』野中大樹著
同志社商学　第56巻第1号「中国・珠江デルタにおける順徳企業群の形成と発展」上田曻著

【インターネット】

SERCHINA　2017年1月28日記事
「いつか軍事に転用するのでは…日本のロケット技術を軽視するな＝中国」
APPLIANCE GLOBAL MARKET SHARE(https://www.youtube.com/watch?v=7LaDVXoYCtg)

［著者略歴］

大村大次郎（おおむら・おおじろう）
大阪府出身。元国税調査官。国税局で10年間、主に法人税担当調査官として勤務し、退職後、経営コンサルタント、フリーライターとなる。執筆、ラジオ出演、フジテレビ「マルサ!!」の監修など幅広く活躍中。主な著書に『ブッダはダメ人間だった』『「見えない」税金の恐怖』『得する確定拠出年金』『完全図解版あらゆる領収書は経費で落とせる』『税金を払う奴はバカ！』(以上、ビジネス社)、『「金持ち社長」に学ぶ禁断の蓄財術』『あらゆる領収書は経費で落とせる』『税務署員だけのヒミツの節税術』（以上、中公新書ラクレ）、『税務署が嫌がる「税金０円」の裏ワザ』（双葉新書）、『無税生活』（ベスト新書）、『決算書の９割は嘘である』（幻冬舎新書）、『税金の抜け穴』（角川oneテーマ21）など多数。

世界が喰いつくす日本経済

2017年9月1日　　第1刷発行

著　者　大村大次郎
発行者　唐津　隆
発行所　株式会社ビジネス社
〒162-0805　東京都新宿区矢来町114番地 神楽坂高橋ビル5階
電話　03(5227)1602　FAX　03(5227)1603
URL　http://www.business-sha.co.jp

〈カバーデザイン〉尾形忍（スパローデザイン）
〈本文組版〉茂呂田剛（エムアンドケイ）
〈印刷・製本〉半七写真印刷工業株式会社
〈編集担当〉本田朋子　〈営業担当〉山口健志

ISBN978-4-8284-1973-2